10年前より可愛くなる

大人美容の正解

美容ジャーナリスト
天野佳代子

主婦の友社

50歳から目指すのは「美人」よりも「可愛い人」

はじめまして。天野佳代子です。

美容雑誌の編集に長く携わり、ＹｏｕＴｕｂｅでも活動中の美容ジャーナリストです。

私は今、67歳。年齢より若く見えて、「可愛い」と言っていただきます。

実は、「可愛い」と言われるようになったのは、60歳を超えてから。50代までは「若い」とはたまに言われることはあったものの、「可愛い」なんてお言葉をいただくことはありませんでした。

60歳を過ぎ、なぜ「可愛い」の称号をいただけるようになったのか。

明確な理由があります。美容の方向性を１８０度変えたのです。

子供の頃から丸顔で童顔がコンプレックスだった私。50代までは顔を細くすっきり見せるメイクに注力していました。目は切れ長、頬をシャープにし

て面長顔を作る。いわゆる大人っぽい「美人」に見えるメイクです。

しかし老化は確実に進行しています。目は細く小さくなり、肌はたるんで頬はこけ、顔はゴツゴツとベース型に。さらにシワやくすみが加わり、「意地悪顔」や「不幸顔」にも見えがちなのが大人です。**その変化を無視して、「美人」メイクを続けていては、老化が強調されるだけ**ということに気づいたのです。

大人に必要なのは、20代の頃のような「可愛い」顔。ぱっちり丸い目、ツヤを放つ高く丸い頬、ふくふくと丸いフェイスライン。幸福感にあふれ、そばにいる人も幸せにするような丸い顔。**老化が目立ち始める50歳を過ぎたら、メイクは「丸」を意識して「可愛い」顔を目指すのが正解**なのです。

スキンケアも肌をふっくらさせるものに切り替え、ボリュームが減った髪は丸みのあるひし形に。結果、年齢を重ねても無理のない「可愛い」が出来上がり、それが若々しさをよみがえらせたのだと思います。

この本では、私自身が試行錯誤して見つけた、「可愛い」大人になるための美容の「正解」を、お伝えします。今お使いの化粧品の使い方を工夫したり、私が実際使った結果、自信をもっておすすめできる化粧品を取り入れていただくだけの、**自宅でできるケアばかり**です。ぜひ気軽に取り入れてみてください。

可愛い大人に必要なのは「頬のツヤ」「柔らか顔メイク」「髪の清潔感」

では、「可愛い」大人とは、どんな人でしょう？

頬に明るいツヤがあり、柔らかい印象のメイクで、髪に清潔感のある人、だと私は思っています。

なかでも「可愛い」を感じさせる最強の要素だと思っているのが、頬のツヤ。子どもが無邪気に笑ったときの、高く持ち上がった頬を連想させ、見る人になんともいえない幸福感を与えるからです。

そして、前のページでもお伝えした、「丸い」メイク。人の顔は年を経るとたるんで影の深い「意地悪顔」「不幸顔」に近づきます。これを「丸い」メイク

で、若々しくほがらかに見えるよう補正していくのです。

さらに必要なのは清潔感。大人は全身の乾燥が進んで、どうしてもお手入れ不足に見えがち。特に髪がまとまりなくツヤが失われると、一気に「見た目に気をつかっていない人」の印象に。ヘアケアをはじめとする身だしなみには、若い時以上に、時間と手間をかけるべきです。

大人は、顔立ちや体型のよしあしでは、もうないのです。明るく、柔らかく、清潔感のある印象作りが最重要。その印象が「可愛い」オーラとなって人を惹きつけ、これからの人生を上向きに輝かせるのです。

「可愛い大人」に必要なもの

頬のツヤ 1

頬に子どものような明るいツヤがあれば、それだけで幸福感あふれる「可愛い」顔に。肌の汚れを落とし、水分を与える、という当たり前のケアを今一度見直して。もう歳だからとあきらめず、リフトアップ術や、シワ、くすみのケアも地道に取り入れましょう。ベースメイクでくすみを払い、自然なツヤをのせれば完璧です。

2 柔らか顔メイク

眉間のシワ、口角の下がりによるへの字口など、各部位の老化で「不機嫌顔」「不幸顔」に見えがちな大人。無表情でも怖い顔にならないように、「丸い」メイクで柔和な顔作りを。細くなった目や眉、下がった口角などをくっきり強調するとより老けて見えるので、明るめの色で「ぼんやり」描きましょう。

3 髪の清潔感

髪のパサつき、ボサつき、頭皮のにおいは「可愛い」を遠ざけます。毎日のシャンプー、傷みを回避するケアやスタイリングで清潔感を保ちましょう。大人だからこそ、歯や爪などのケアも、手を抜かずに。

「イタいおばさん」化を防ぐために今すぐやめるべきこと

「可愛い」大人を目指すときに、間違えてはいけないのが、若い頃やっていたことをそのまま続けること。

若い時のメイク法でずっと同じ顔を作っている方、同じスキンケアを長く使い続けている方、何十年も髪型を変えていない方、要注意です。

今の私たちは、若い頃とは肌も目も眉も唇も髪も、体型もすべてが違っているのです。時代と流行も全く変わっています。今、昔と同じことをしたら古見えは必至。かといって、若者をそのまま真似してもイタいだけ。**大人の今にふさわしいアップデートが必要**なのです。

昔のアイシャドウやリップは今すぐ捨てて。この本を読み、気になるお手入れ法を今日から取り入れてみてください。

きっと、10年以上前の「可愛い」ご自分に出会えるはずです。

こんなこと、やってませんか？

✓ 若い時のセルフイメージに執着する

人はいちばん輝いていた頃の自分に執着しがち。もてていた時代に愛用したリップやアイシャドウ、香水などを、使い続ける方も。しかし昔の自分はもういないのです。今の自分に合ったものを見つけましょう。

✓ おばさんであることを隠す、無自覚になる

年齢は厚塗りで隠せるものではありません。また、今どき世代の娘や息子がいる、「推し」が若いという理由だけで、流行を知ったつもりで取り入れても浮くだけです。大人の今に似合う「可愛い」を探しましょう。

✓ 自己流ケアしかしない

意外と多いのが、自己流で覚えたスキンケア法をそのまま続けている方。それが悪い手癖となって肌を傷めつけていることも。自分の「常識」を見直し、正しい知識や、年齢に合った方法で更新していきましょう。

✓ くっきりメイクで盛る

眉毛を太くしっかり描く、黒いアイライナーで目尻を跳ね上げる、リップラインを小さく描くなど、20代、30代で覚えたメイクを継続している方、古いメイクは古い顔しか作れません。今日で卒業を。

✓ 年齢のせいにする

シワ、シミ、白髪といった美容上の問題から、疲れやすいなど体の問題まで、不調はすべて年齢のせいでどうにもならない、と思わないこと。きちんとメンテナンスをすれば改善することも、たくさんあるはずです。

INDEX

50歳から目指すのは「美人」よりも「可愛い人」 002

可愛い大人に必要なのは「頬のツヤ」「柔らか顔メイク」「髪の清潔感」 006

「イタいおばさん」化を防ぐために今すぐやめるべきこと 010

Chapter 01 「頬のツヤ」を作るスキンケアとベースメイク 016

01 50歳から「可愛くなる」にはまず顔を洗って出直す 018
02 確実に保湿したいから「とろみ化粧水」を3度づけ 022
03 化粧水を首からかかとまで広げ全身にツヤをたたえる 023
04 シートパックと同じ効果。「コットンパック」でツヤ増し成功 024
05 大人の美容液は「美白もの」一択。肌が明るいは、たるみも隠す 026
06 たるみで人相が変わってきたらクリームで「引き上がった顔」を形状記憶させる 028
07 大人の毛穴を放置するとおじさん顔へまっしぐら 029
08 スキンケアが効かないと感じた日に加えるべき「もう1品」 030
09 「可愛い人」のシンボル、ぱっちりした目元をしぼませないアイケア法 032
10 落ちくぼんだ目元は「ヒアルロン酸」でふくらませる 034
11 シワの刻みを浅くして不機嫌顔を「柔らか顔」に 035
12 〝本当〟を映す鏡で老けの度合いを知る 036
13 首は顔より早く老ける。「もう一つの顔」と思って、フルでケアを 037
14 顔が確実に上がる、背もたれを利用した「だらっとケア」 038
15 シワやシミを作らない「手根メソッド」 040
16 「スキンケアは高いものをケチって使うより、安いものをたっぷり使う」は経験上正しい 042
17 シミ、くすみなど、大人肌の粗は「ラベンダーの下地」で一掃する 044
18 ファンデーションは「ブラシづけ」+「スポンジならし」で美肌&時短 046

19 頑固なシミは「暗めのコンシーラー」で消滅 048
20 「Cゾーンにハイライト」で5秒でツヤのある「可愛い人」に変換 049
21 「あご下だけシェーディング」でたるみをなかったことに 050
22 お粉をパフでつけると一気に老ける 051
23 夕方のお疲れ顔は「ラベンダーのパウダー」で即若返り 052
24 肌トラブルのたびに駆け込める「皮膚科の主治医」をもつ 053
COLUMN 昭和→平成→令和　私のコスメ遍歴 054

Chapter 02 「柔らか顔」を作るメイク 056
25 大人の顔はふっくら丸く。「不機嫌顔」と「不幸顔」から脱却する 058
26 「一重まぶた用まつ毛カーラー」は下がったまつ毛の救世主 060
27 アイシャドウは「コーラル8割＋「締め色2割」で目元が若返る 062
28 「黒のアイライナー」は卒業する 064
29 「クリアブラックのマスカラ」でたるみまぶたを持ち上げる 066
30 「減りゆくまつ毛」は育毛ケアでハリを出して増毛した風に 067
31 古い眉は捨てる。大人の今は「ぼんやり眉」が正解 068
32 淡いピンクチークは5歳老ける 070
33 「粘膜カラー」のリップペンシルでぽってり若い唇を偽造する 072
34 口紅は色だけでなく「ツヤと厚み」にこだわる 074
35 リップクリームは「チューブタイプ」を1日10回塗る 075
36 「自分に似合う色」はドラッグストアで片っ端から試して探す 076
37 「メイクは季節ごとに新色をチェックする」という人がどんどん若くなれる 077

Chapter 03 「髪の清潔感」を作るヘアケア 078
38 白髪でも薄毛でも「ツヤ」があれば、きれいは維持できる 080
39 髪は「上向き粗い」でたるみ防止と時短の一石二鳥 082

40 「シャンプーは二刀流」が美しい大人髪を育てる 084
41 ツヤ髪のために「髪専用のタオル」を使って ドライヤーの使用時間を減らす 086
42 髪にツヤを出すために大人はドライヤーに投資を 087
43 大人の髪型はたるみをキュッと引き上げる 「レイヤー入りひし形」が一強 088
44 前髪は顔の表情の一部。うねったら人相まで変わるから 「ミニアイロン」を常備 090
45 髪の黒歴史を塗り替えた地方のサロン施術。 「あきらめない心」が勝利した瞬間 091
46 美髪追求のためヘアサロンは「浮気」してみる。 本命になる可能性も大 092
47 うねった髪に「ツヤ」は生まれない。若さのために縮毛矯正を 093
48 「一生ハゲない」ために50歳を過ぎたら頭皮ケアを習慣化する 094
49 頭皮と毛髪のツヤのため「白髪染めはやめる」選択を 096
COLUMN 人生、今までもこれからもくせ毛との闘い　私の髪型遍歴 098

Chapter 04 50代から右肩上がりの「可愛さ」を作る美容習慣

100
50 「歯間ブラシ3本」と「Y字フロス」で大人の歯を守る 102
51 芸能人じゃなくても歯は命。 「美白歯磨き粉」で清潔感をキープ 103
52 手と爪のクリーム&オイルは 常にテーブルに置き年齢バレ対策を 104
53 「スクラブ」と「UVハンドクリーム」で一生、手はくすませない 106
54 爪のお手入れで手全体が若返る 107
55 「炭酸風呂」で健康と美肌を作る 108
56 「ボディミルク」で大人の肌にツヤを足す 109
57 「完全遮光の日傘」で肌は絶対焼かない 110
58 自分の「におい」を疑ってみる 111
59 香水を買い替えて「いい匂いがする人」に 112

60 大人は短時間睡眠だからこそすぐに、ぐっすり眠れる「入眠アイテム」が必要 114
61 内側から美が発光する「玄米」「みそ汁」「納豆」「ぬか漬け」 115
62 健康があっての美。今の体に必要な栄養素は「サプリ」で補う 116
63 災害にも老いにも負けない筋肉を。「力もちエクササイズ」を週1で 118
64 半年に1回の血液検査で体の変化を把握する 120
COLUMN 私の普段ポーチとメイクBOXの中身 122

Chapter 05 可愛い大人になるための「心の持ちかた」 124

65 66歳でYouTubeデビュー。大人だからこそ、挑戦できた 126
66 自分の可愛さは自分で見つける。嫌いな要素は克服する 128
67 美容に迷ったらあの頃の「可愛い自分」に戻ればいい 129
68 「若い人の前で昔話をしない」が可愛い大人の条件 130
69 大人の色気のお手本は少女漫画の「美人の先輩」 131
70 大人にはシャツブラウスとシンプルなジュエリーがあればいい 132
71 目の老化予防のためサングラスは必ず。「今どきブランド」を愛用中 133
72 女友達こそ人生のベストパートナー 134
73 最強の美容術は「いつも笑顔でいること」 136

あとがき 138
ITEM LIST 140
SHOP LIST 141

Chapter 01

「頬のツヤ」を作る スキンケアと ベースメイク

老け見えの大きな原因は、肌からツヤがなくなること。
ツヤの正体は肌の水分と油分で、
本来なら肌自ら保持する力をもっていますが、
老化するとその力が弱まります。
しっかり汚れを落とし、水分・油分を補給するスキンケアと、
光を操るベースメイクで、頬にツヤを仕込みましょう。
頬にツヤが宿ると、頬の高い位置が明るく見え、
それが「可愛い人」への第一歩に。

01

50歳から「可愛くなる」には まず顔を洗って出直す

顔を洗わない大人の女性が増えています。

「洗いすぎは乾燥や摩擦の原因になり、シワやシミが増えるから、洗顔回数は極力減らす」という考え方が元になっているようです。クレンジングはシートでふきとって終了。すっぴんで過ごした日は何もせず就寝。朝はお湯だけで洗う、いわゆる「湯洗い」がいいという説も根強いようです。

しかし、これらはすべて、大人の肌にとっては不正解。

これからの人生、可愛く若々しくなって、楽しく過ごしたいのなら、まずはクレンジングと洗顔を見直してください。

クレンジングと洗顔はスキンケアのスターターです。汚れや皮脂を落としきり、まっさらの肌にしておかないと、化粧水や美容液などのスキンケアが浸透しにくくなります。必ずクレンジング剤や洗顔料を使用し、朝晩しっかり洗顔を。

大人のクレンジングは、保湿力の高いバームタイプやクリームタイプを選ぶのが正解。乾燥を遠ざけてくれます。

また、どうせ洗い流してしまうからと、クレンジング剤と

Wトリートメント クレンジングバーム 100g
4,620円／RMK Division　クレンジングはバームを選択。摩擦を回避しながらしっかりメイクオフ、後肌もしっとりするからです。このバームはうるおい成分がたっぷり含まれ、美容オイルを塗ったようなもっちり肌になります。

洗顔料は適当なものを選んでいる人も多いでしょう。しかし配合されている美容成分は、すすいだ後も肌に残り、浸透します。ですから、**クレンジング剤も洗顔料も、美容成分がふんだんに入っているものを選ばなければ損。**

　私は20代前半まで、洗顔に洗浄力の弱いベビー石鹸を使用していました。ある時、保湿成分と乾燥しにくいテクノロジーが搭載されている洗顔料に替えたら、みるみる肌の保湿力が向上し、急に肌を褒められるようになりました。以来、クレンジング剤と洗顔料は、美容成分がたっぷり配合されているものを使用しています。さらに洗顔にはもう1つ大きな役目があります。角質ケアです。

　角質とは肌のいちばん外側を覆っている皮膚細胞のこと。肌の奥の真皮層で生まれた細胞が、次に生まれてくる細胞に外へと押し上げられ、最後に角質となってはがれ落ちます。この皮膚細胞の動きはターンオーバーと呼ばれ、28日から30日の周期で細胞は生まれ変わります。老化や肌トラブル

椿酵母せっけん 110g 2,800円／五島の椿
五島列島産の椿のオイルや洗浄成分、スクラブ成分をぜいたくに配合。角質をやさしく落としつつ保湿力も◎。付属の泡立てネットが秀逸！瞬時に細かな泡が立ち、面倒くさがりの私でも泡洗顔の習慣が続きます。

オルビスユー フォーミングウォッシュ［医薬部外品］ 120g 1,980円／オルビス 夜はクレイ洗顔料で汚れを徹底オフ。うるおいを守るアミノ酸系洗浄成分と、毛穴汚れや皮脂を吸着するモロッコ溶岩クレイを配合。化粧水のなじみもよくなり、肌状態を底上げできます。

でターンオーバー周期が乱れると、**古い角質ははがれ落ちずとどまりがちになり、くすみやシミ、吹き出物やゴワつき、シワといった老け見えの原因に**なるのです。

正しい洗顔は正常なターンオーバーを促します。年齢を重ねるほど、洗顔は重要になるのです。**洗顔料に角質ケア成分の配合されたものを取り入れる**のもおすすめ。私は毎朝、角質ケアに特化した酵素パウダー洗顔料を使っています。

また、洗顔料を手のひらの上でよく泡立ててから顔にのせるのもポイント。顔は手で洗わず泡で洗うのです。気泡には汚れを吸着する性質があります。**洗顔料の実力は泡立ててこそ発揮される**ので、面倒がらずにしっかり泡立てましょう。

「可愛い人」になるための第一歩はクレンジングと洗顔から。きっと多くの方が間違った認識でクレンジングと洗顔をされていると思いますが、「顔を洗って出直せば」、早いうちに美容効果を実感できます。

ディープクリア洗顔パウダー 30回分 1,980円／ファンケル　朝の洗顔は酵素入りの洗顔パウダーで。タンパク質を多く含む毛穴の詰まりをプロテアーゼという酵素が分解し、ザラつきのないなめらか肌に。酵素パウダーを使うかどうかでメイクのりが変わるので手放せません。

バランシング ポイントメイクアップ リムーバー N　90mℓ　3,850円／THREE　植物オイルと植物エキス配合の2層タイプで、耐水性のアイメイクもしっかり落ちるのにやさしい処方なのが気に入っています。しおれがちな大人の目元に使うものは厳選したいもの。

アイメイクは「コットンつけ置き」を

アイメイクは耐水性のものも多く、落とし残しはくすみの原因に。ポイントリムーバーはマスト。コットンでなじませてからこすらずスルッとオフ。

クレンジングは「乳化」が肝心

バームやクリームタイプは肌にのばした後にお湯をなじませ乳化させます。メイクが浮き上がり、クレンジング剤自体も落としやすくなります。

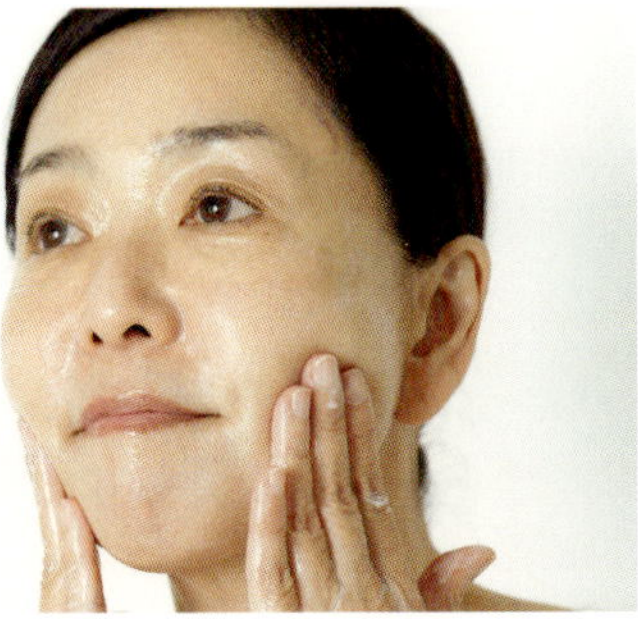

洗顔料の泡立てにネットは必須

泡が汚れを吸着するから、洗顔料はたっぷり泡立てて。泡立てネットを使うときめ細かな泡が簡単にできます。

手で洗わず泡で洗う

肌は手で直接触らず、泡を押し当てるように洗います。摩擦による乾燥やシワを回避。32℃程度のたっぷりのぬるま湯で十分にすすぎます。

02

確実に保湿したいから「とろみ化粧水」を3度づけ

「可愛い人」になるために必要な類のツヤ。ベースとなるのが化粧水です。水分をたっぷり入れこんで、うるおいに満ちた肌にしておかないと、若々しいツヤは生まれません。

肌がうるおったかどうかの目安は、触ったときのしっとり感。指が肌に吸いつくような感覚が得られれば、化粧水が行き渡っている証拠。そのためには、たっぷりとした量が必要。**私は化粧水は「3度づけ」を実践しています**。

化粧水で肌をうるおわせておけば、次に使う美容液や乳液がなじみやすく、浸透力もアップ。大人にとって化粧水でスキンケアの土台を作っておくことは、とても大事なのです。

化粧水とひと口に言っても、さまざまなテクスチャーがありますが、**大人の女性には、「とろみ化粧水」をおすすめします**。とろっとした、美容液のような感触のタイプ。保湿成分の配合量が高く、粘度が高い分、水分の蒸散が抑えられるので、時間がたってもツヤのある肌を維持できます。水分保持能力が衰えた大人の肌に、とろみ化粧水は必須です。

オイデルミン エッセンスローション 145mℓ 9,680円／SHISEIDO　ケフィア発酵エキスやユズエキスなどユニークな成分で肌の回復力を高めてくれる、ほどよいとろみの化粧水。美白成分の4MSKも配合されているのがうれしい。少しお高めですが、高機能なので逆にコスパは優秀！

03

化粧水を首からかかとまで広げ全身にツヤをたたえる

前ページで化粧水を3度づけすると書きましたが、3度づけをするのは顔だけではありません。顔につけたあと、**首からデコルテにかけても3度づけ**をします。首やデコルテの皮膚の老化は顔より早く進むので、それを回避するためです（首美容についてはP37で深く掘り下げています）。

とろみ化粧水は、手先、腕、脚や足先までのばし広げます。ボディミルクを重ねるので、体には3度づけはしませんが、化粧水を先につけておくだけで、ボディミルクの浸透力が高まり、ツヤが出やすくなります。大人になるとボディのツヤもなくなりがちなので、大事なポイントです。

もう1つ、人間の体でいちばん乾いている部分、**かかとにもとろみ化粧水を**つけてください。かかとのガサガサはちらっと見えるだけでも老化を強く感じさせます。とろみ化粧水で保湿すると、乾いて白くめくれ上がった肌の表面が驚くほどうるおい、なめらかになります。とろみ化粧水は全身の乾燥防止に使えるので、ぜひ1本手元においてください。

04

シートパックと同じ効果。「コットンパック」でツヤ増し成功

いくら化粧水をつけてもしっとりしない、すぐに乾燥するなど、大人の肌は気候や気温、湿度などの影響のほか、体調、ストレスなどに敏感に反応して、しばしばお手入れを受け付けなくなります。そういうときは肌が硬くなっていることが多いので、まずは軟らかくするステップを加えてください。

最も簡単なのは、**コットンを化粧水に浸して肌にのせる「コットンパック」。5分ほどでも化粧水が浸透して、肌はふくふくとした軟らかさを取り戻し、その後に使うスキンケアのなじみがよくなります**。

もちろんシートマスクがベターですが、コットンと化粧水でも十分な効果が得られます。私は乾燥が気になるときは、まずコットンパックでスキンケアを始めます。昔ながらのシンプルな方法ですが、効果はあなどれません。

頬の高い部分にある**シミの目立ちが気になるときは、メイク前に美白化粧水でコットンパック**を。十分保湿するとツヤが出て、シミやくすみが目立たなくなりますよ。

薬用雪肌精 ブライトニング エッセンス ローション[医薬部外品] 200mℓ 3,850円(編集部調べ)／コーセー　コットンパックにぴったりの化粧水といえば、このさっぱりタイプの化粧水。美白と肌荒れ防止が同時にでき、有効成分を肌の奥に浸透させる新技術も採用。肌がワントーン明るく。

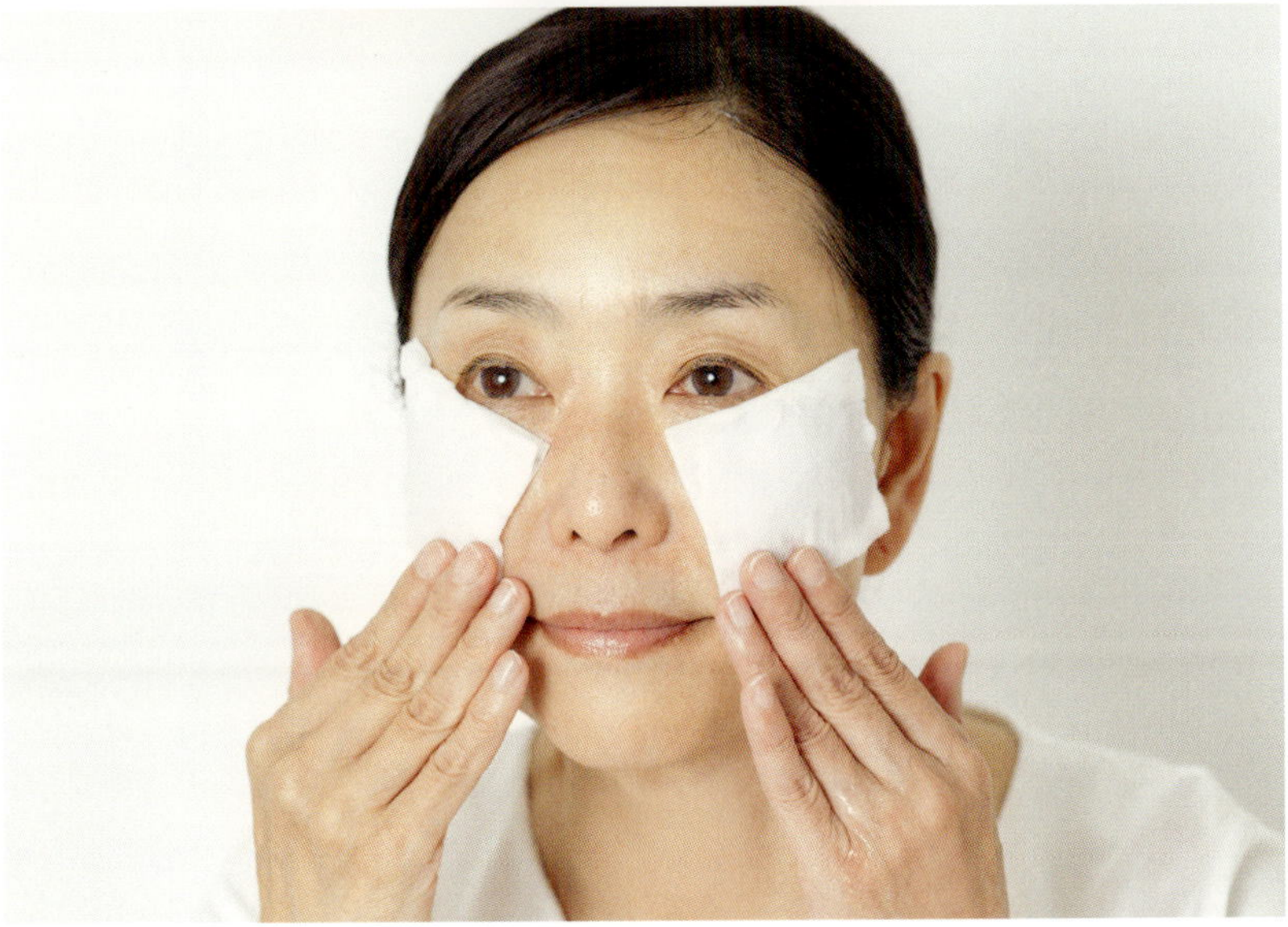

05

大人の美容液は「美白もの」一択。肌が明るいは、たるみも隠す

美容液は何のために使うものだと思いますか？　端的にいうと、悩みを解消するためのものです。シワやシミ、たるみなど、いちばん悩んでいる肌トラブルに合わせて選ぶのが正解。

悩みがたくさんあってどれも同等に深いから、1つにしぼることなんてできない、という方もたくさんいらっしゃるでしょう。そういう方のために、1つの悩みに特化したものではなく、総合的に肌の力を底上げし、エイジングが起こりにくい肌を作るという美容液も増えてきました。

しかし、**「可愛い人」になることを目標に、若々しさを目指す50歳以上の方に、私がおすすめしたいのは、たった一つ、美白美容液です。**

大きなシミや濃いシミは、1つ2つあるだけで、老けた印象がぐっと増してしまうもの。シミはできるだけ薄く小さくとどめておくことが、若々しく「可愛い人」になるためには必須です。

美白は各美容メーカーが最も力を入れている分野。次から次へと新たな知見が発表され、技術は日進月歩を遂げています。シミやくすみが発生するメカニズムの解明、過程に合わせた美白成分の開発……あきらめていたシミも、化粧品で解消できる時代になってきました。利用しない手はありません。

そしてもう1つお伝えしたいのが、美白美容液とは、シミを薄くするだけのものではないということです。肌全体のトーンを明るくして、透明感を出すもの。**実は大人にとって重要なのは、むしろトーンアップ効果のほう**なのです。

肌が明るくトーンアップしてツヤが出れば、大人の大きな悩みである**シワやたるみなど、肌や顔の形状変化さえ、目くらまし効果でカバーでき、「透明感のある、なんだかきれいな人」という印象だけを与えることができます**。

「色の白いは七難隠す」ということわざがありますが、「肌が明るいは、たるみも隠す」は、私の経験上でも真実です。

HAKU メラノフォーカス EV[医薬部外品] 45g 11,000円／資生堂　2種の美白有効成分、透明感を与える成分、導入保湿成分を配合し、シミの原因を根本からブロック。肌環境も改善し、うるおいもアップ。顔全体のくすみが消え透明感が出る、頼れる一品。

ホワイトショット SXS 20g 13,200円／ポーラ　できてしまったシミ、消えたのに復活するしつこいシミにもアプローチ可能な、まさに大人のための美白美容液。こっくりしたテクスチャーで、シミにしっかり密着するのがうれしい。特に濃い部分には重ねづけしています。

06

たるみで人相が変わってきたら クリームで「引き上がった顔」を 形状記憶させる

日本人はベタつく感触が苦手といわれ、化粧品もサラサラした仕上がりを好む傾向にあります。だからでしょうか、化粧水をつけてスキンケアは終わりという人も多いようです。

しかし肌にのせた水分は、油分でふたをしなければ蒸散してしまいます。ツヤの土台を化粧水で仕込んだ後は、**乳液やクリームの油分でふたをしつつ、「追いツヤ」をして、肌の輝度を上げていきましょう**。

乳液とクリーム、どちらを使う?というのも悩むところですが、**たるみが気になり始めたら、クリームに切り替えるのが正解**。大人に不足しがちな油分に加え、各メーカー自慢の美容成分がぜいたくに配合されているのがその理由。肌をうるおいで満たしてハリを出し、引き上がった顔に整えます。

さらにたるみケア用の成分が配合されていたら最強。**肌を引き上げながらクリームを塗り込む**ことで、ゆるんだ輪郭がキュッと引き上がります。これを朝晩続けると、形状記憶されたように、ふっくらハリのある頬が維持できます。

レネルジー HPN クリーム 50mℓ 19,800円／ランコム　顔が疲れてるなーというときはこれ。ヒアルロン酸にナイアシンアミド、そして300種以上のペプチドを配合し、肌の再生を促進。たるみや小ジワ、くすみを一掃できます。ベタつかないテクスチャーも心地よいです。

トータルV ファーミングクリーム 50g 11,000円／エリクシール　大人の肌の「ゆるみ」を引き締め、パーンとしたみずみずしいハリを与えてくれる夜用クリーム。マッサージをプラスすると、翌朝5歳くらい若返った顔になるので、毎晩のお手入れが楽しみになります。

07

大人の毛穴を放置すると
おじさん顔へまっしぐら

年代別の美容悩みアンケートを拝見する機会があります。20代、30代で必ず上位に挙がるのが「毛穴」。いわゆる毛穴の開きや黒ずみの悩みです。年齢を重ねるごとにこれら毛穴悩みは減って、別の悩みが上位を占めるようになります。特に50代以上にとってはたるみやシワのほうが深刻になり、毛穴は放置していい案件と位置づけされるようです。

けれど50代以上でも、いえ、**50代以上こそ、毛穴は放置してはならない**のです。40歳を超えると、**毛穴は肌のたるみに引っぱられ、涙型に長くなっていきます。やがて毛穴同士がつながって帯状に**なり、デコボコと黒ずんだ肌に。たとえていうなら、おじさんのようなキメの粗い肌になってしまう。

近年、毛穴の詰まりを根本から解消する美容成分が続々開発され、化粧品に配合されています。最近毛穴が長く広がった、という方は、ぜひ毛穴対策専用の化粧品を取り入れてください。毛穴の詰まりを抑制し、開きにくい状態を保ちながら、生涯なめらかな肌を維持していきましょう。

ONE BY KOSÉ　クリアピール セラム　120㎖ 3,850円（編集部調べ）／コーセー　毛穴ケアに特化したふきとり美容液。角栓の形成を細胞レベルで予防する画期的な処方。大人こそ使いたいアイテムです。私はザラつきや吹き出物が気になったときに投入しています。

08

スキンケアが効かないと感じた日に加えるべき「もう1品」

「いつもの化粧品が最近効かなくなってきた」。

大人によくあるお悩みですね。その場合は、美容成分がリッチな化粧品に替えるのも1つの手。でもその前に、手持ちの化粧品の効きを高める方法を試してみてください。方法は次の3種。

乾燥がひどく、化粧水が肌に浸透しにくいと感じたときは、「導入美容液」の投入を。スキンケアの角質層への浸透を促進するアイテムで、うるおい度がぐっと上がります。

肌がゴワついて硬くなっているなら、化粧水と乳液の逆転使いを。洗顔後、乳液で肌を軟らかくした後に化粧水を使います。油分と水分が混ざり合って肌を覆い、もちもちに。

ザラつきやくすみが気になるときは、角質ケア美容液を。肌に滞留している余分な角質を一掃すれば、スキンケアの入り方が変わります。

肌は実は毎日コンディションが変化するもの。その時の肌状態に合わせてケアもカスタムできればベストです。

肌の
カサつきが
収まらない

→

導入美容液

洗顔後すぐに使う美容液。保湿成分を肌内部に引き込む効果があり、その後に使う化粧水などの浸透力を高め、うるおいを増す。

リポソーム アドバンスト リペアセラム 50mℓ 12,100円／コスメデコルテ 超微細な「多重層バイオリポソーム」が肌にとけこみ、ハリとツヤを与えながら、後に使うスキンケアの浸透を助ける美容液。

肌が硬く
ゴワつく

→

乳液先行

洗顔後、化粧水を使う前に乳液を使う方法。乳液で硬くなった肌をほぐし柔軟にした後で化粧水をつけると、ゴワつきが解消、しっとりもちもちに。

リフトモイスト エマルジョン SP II［医薬部外品］ 130mℓ 3,850円／エリクシール コラーゲンを徹底研究して作られた乳液。弾力がうまれ、頬に明るい「つや玉」が出現。

肌が
ザラついて
くすみも顕著

→

角質ケア美容液

古い角質がたまって厚くなると、P20でも書いたように老け見えの原因になり、スキンケアも浸透しにくくなります。角質ケア美容液で古い角質を一掃すべし。

サナ なめらか本舗 薬用リンクル美容液 ホワイト［医薬部外品］ 50mℓ 1,540円／常盤薬品工業 大人の肌を乳酸がやわらげ、豆乳発酵液などがハリのある肌に導く美容液。プチプラなのに高機能。

09

「可愛い人」のシンボル、ぱっちりした目元をしぼませないアイケア法

顔の中でいちばん老けやすいのが目元。理由は皮膚が最も薄く、乾燥が激しいから。目尻のシワ、ちりめんジワのほか、たるみも老け見えの大きな要因に。上まぶたがたるむと目が小さく見え、下まぶたのたるみ影もお疲れ感を増長させます。

「目は口ほどにものを言う」といいますが、**「目は口ほどに年齢を言う」が真実**だと私は思っています。他人の視線が集まるパーツでもあるだけに、毎日のケアは絶対に必要です。

私は20代前半からアイケアをしていました。百貨店の美容カウンターで、ＢＡさんから「あなたは目が大きいから、目元から老けますよ」と予言めいたことを言われたからです。以来、**アイケアを欠かしたことはありません。朝や夜のお手入れ時はもちろん、外出中もアイケア製品を手放しません。**

それでもシワはできましたが、年齢のわりに目元の老化は進んでいないと自負していて、あの時ＢＡさんの予言によって始めたアイケアのおかげだと思っています。

でも、長いことアイケアの必要性を啓蒙していても、残念な

がら浸透しないのです。乳液やクリームを多めにつければいいですよね？という質問を何回されたことか。目元の老けを甘く見ないでください。乾燥に加え、まばたきや表情の変化で、はかない目元の皮膚は酷使され続けています。それを鑑みたうえで、老化を回避するための美容成分が豊富に配合されているアイケア製品を、たっぷりと広範囲に使用すべきです。

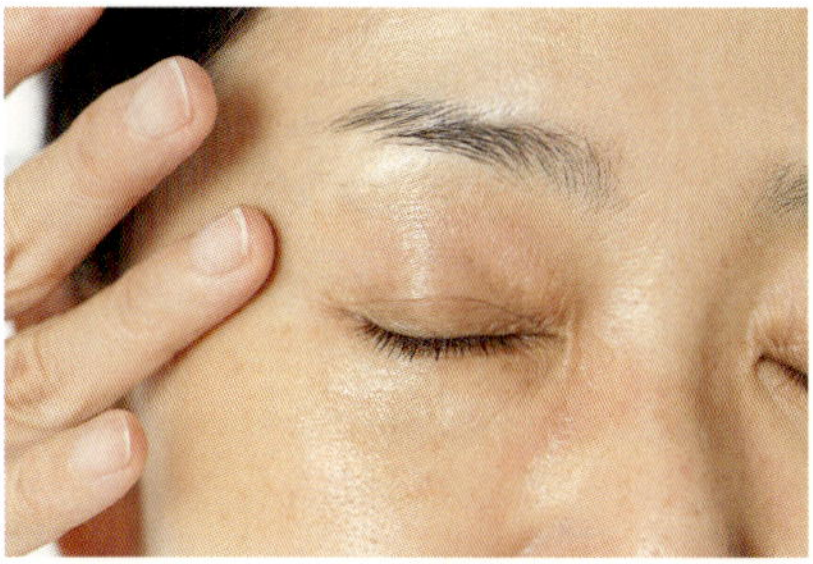

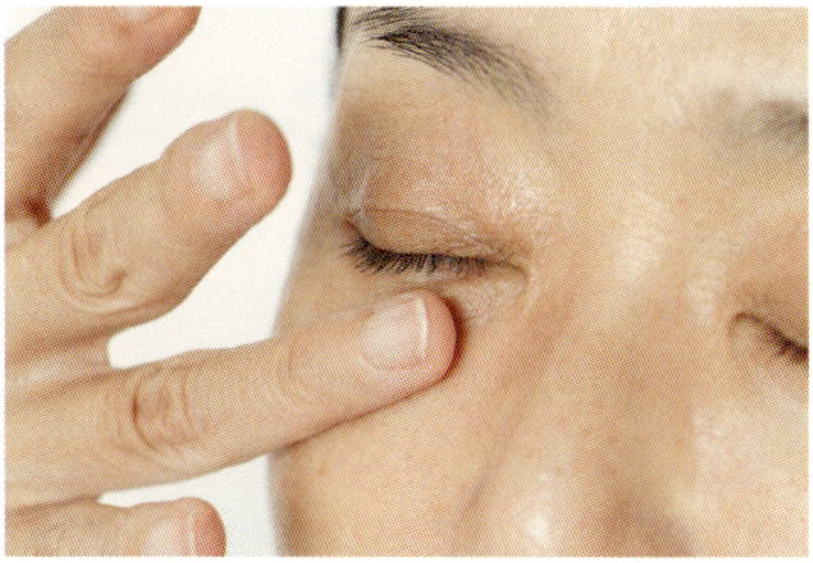

目まわりの肌はデリケート。力が入りにくい薬指でやさしくタップしながらアイケアを浸透させます。まぶたから下まぶた、そしてこめかみまで、広範囲につけて。外出中もカサつきが気になったら、すかさずアイケアをしています。

センサイ アウェイクニング　クリーミィアイエッセンス 20mℓ 15,400円／カネボウ化粧品　気がつくと乾ききっている大人の目元に、しっかりとうるおいを与えてくれる美容液。ベタつかず、メイクの上からも重ねられるので、持ち歩いてちょこちょこ塗り。目元のメイク崩れも少なく。

リポソーム アドバンスト リペアアイセラム　20mℓ　8,250円／コスメデコルテ　肌のバリア成分であるヒト型セラミドや美容成分を、浸透しやすい2種のカプセルにたっぷりとじこめた目元用美容液。目元の小ジワやたるみ、くすみなどに全方位対応。翌朝は目がぱちっと大きく。

10

落ちくぼんだ目元は「ヒアルロン酸」でふくらませる

目元の老化が進むと、人相が大きく変わります。変化の仕方には2つのタイプが。**上まぶたと下まぶたが落ちくぼむタイプと、下まぶたに脂肪がたまるタイプ**。どちらも人相が悪く見え、「可愛さ」から遠ざかってしまいます。

特に前者のまぶたの落ちくぼみは、「不幸顔」+「悪人顔」というダブル悪印象になりやすいので要注意ですが、この落ちくぼみ、実は化粧品の力を借りて解消する方法があるのです。

それは**ヒアルロン酸配合の目元用美容液を積極的に使用すること**。ヒアルロン酸は肌をふっくらとボリュームアップさせる効果があります。使い続けていくと目元にハリ感が出て、まぶたのしぼみが軽減されていきます。

ちなみに目の下に脂肪がたまるタイプは、化粧品だけでは解決できません。肌の問題ではなく、目元にある眼輪筋が老化でハリを失い、その隙間に脂肪が落ちてしまった結果のものだから。**眼輪筋が衰えないよう、眼球をぐるぐる回すなどの眼輪筋エクササイズで鍛え**つつ、美容医療も視野に。

カプチュール トータル ヒアルショット 15㎖
12,980円/パルファン・クリスチャン・ディオール　年齢とともに失われるヒアルロン酸を、独自のフォーミュラで目元にたっぷり補充する美容液。美容医療レベルの効果と業界でも話題。ドラマに夢中になりショボついた目も元気に。

11

シワの刻みを浅くして不機嫌顔を「柔らか顔」に

大人の女性と話すと、額のシワをなんとかしたいという話題によくなるのですが、眉間のシワや口まわりのシワのほうが、不機嫌に見えて気になるよ、と助言したくなります。

シワは表情と一緒に現れるもの。人と会話しているときに現れるシワは、一人で鏡を見ているだけでは認識できません。そのため気にすべきシワがどれか、自分では見失いがち。**眉間のシワ**は額のシワに比べると短く浅いため見落としがちですが、年齢とともに**無表情のときや、笑っているときにまで現れるように**なり、ご機嫌なときでも不機嫌な印象に。**口まわりのシワは食事の咀嚼《そしゃく》中にしっかり出てきて、見た目が一気におばあちゃん化するうえ、やはり不機嫌な印象に。**

試しに鏡を見ながらものを食べてみてください。眉間と口まわりにシワが寄っていたら、即座にシワ改善化粧品の導入を。

シワ改善化粧品がブームですが、さまざま試した末の**私のおすすめは、純粋レチノール配合の美容液**。顔のすべてのシワに対して、いい結果を出してくれます。

レチノパワー リンクルクリーム L［医薬部外品］22g 8,690円／エリクシール　日本で唯一シワ改善効果が認められた有効成分・純粋レチノールを配合。チューブがぺたんこになるまでしぼりきり、はさみで切って底のクリームまでかき出すほど熱愛する一品。

12

“本当”を映す鏡で老けの度合いを知る

某出版社のエレベーターに設置されている「残酷ミラー」。照明の色なのか、鏡の歪みのせいなのか、肌はどす黒く、目の下、頬など顔の随所に妙な影ができて、ゾンビのように映るのです。初めてそのエレベーターに乗った時、自分の顔を見てギョッとしていたら、それを察した編集者が「この鏡、残酷ミラーって呼ばれていて、誰もがすごい顔に映るので安心してください」と言われました。今ではその鏡にも慣れ、変顔でおどけたゾンビを演じられるまでに。

ゾンビ顔は別として、普通は鏡に映るとき自分はきれいでいてほしいと心のどこかで願うものです。誰もが鏡を前にすると、自然と可愛い顔を作るのは、某百貨店のトイレで検証済みです。

でも、時に正しい自分を映し出してくれる鏡も必要。私はリアルをそのまま映してくれる鏡を使い、その日の肌状態を見極めながらスキンケアをしています。「可愛い人」を目指す前に、自分の加齢具合を受け入れ、対策することが重要です。

リアルックミラー　770円／ロージーローザ
家でも外出中も必ず手元に置くのがこの鏡。高反射の銀引きのミラーで、明るい場所でも暗い場所でもリアルな肌色を映し出してくれるのです。カバーすべき点もよく見えるし、逆にメイクできれいになっていく自分の顔に自信も持てる、信頼できる女友達のような鏡です。

13

首は顔より早く老ける。「もう1つの顔」と思って、フルでケアを

私の美容人生で、早くから真剣にケアしておくべきだったと後悔している箇所はいくつかありますが、なかでも上位に挙げられるのが首です。

首は顔よりも早く、老けが進行します。顔と違って首の皮膚は、**筋肉や骨などの支えになる組織に付着していないため、非常にゆるみやすい**のです。だからすぐにシワやたるみが表れてしまう。

私がそのことを知ったのは40代になってからで、それまでは首には無関心でした。おかげで顔に比べ、首は老化がずっと早い。以前、「奇跡の60代」というふれこみでテレビ番組に出演した時、SNSで「顔は若くても首が年寄り」と書かれてしまい、本当にそうだよ、と自分でも思いました。

首老化を防ぐために、スキンケアの全ステップを首にも加えてください。ポイントは**首にもう一つ顔があると思って、顔につけたのと同じ分量のスキンケアを使う**こと。**前から後ろへ引き上げるようにのばして、ゆるみやすい首にハリ**を出していきましょう。

14

顔が確実に上がる、背もたれを利用した「だらっとケア」

取材や撮影の毎日。体力温存のため、家ではソファから動きません。そのだらっとした姿勢のまま、ソファでスキンケアも行います。**背もたれに体を預け、あごを上げて、化粧水からクリームまで、全ステップ同じ姿勢でケア**します。**下を向いたり、下向きに肌に力を加えると、顔がたるみます**から。

そして手のひらに広げたスキンケアを、下から上へ肌を引き上げながらなじませます。サロンでエステティシャンにお手入れしていただいているようなイメージで、下から上へ、下から上へ。もたれかかっているからこの手の動きが実に楽ちんにできます。私はこれを「だらっとケア」と呼んでいます。

最近のリフトアップ化粧品は、効果を高めるために引き上げメソッドがついているものが多いですが、見るたびに「私がずっとやってきたことだ」とひとりニヤつきます。

スキンケアを下を向いてパパッとつけている方、この「だらっとケア」をぜひ試してみてください。顔が引き上がりますよ。

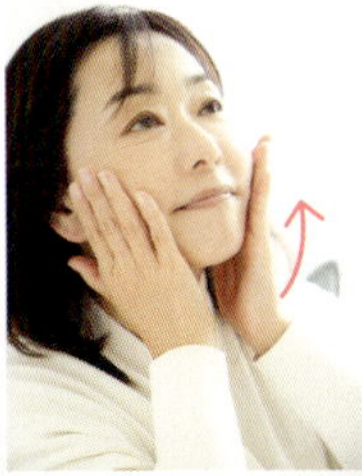

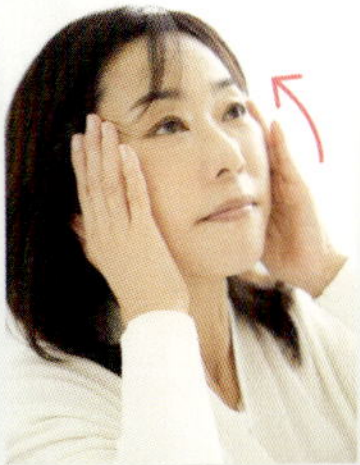

顔が引き上がる「だらっとケア」法。ソファにもたれかかり、あごを軽く上げ、手のひらいっぱいに広げたスキンケアを、あごから頬、こめかみへと引き上げながらのばしていきます。大好きなドラマを見ながらが私の定番。

15

シワやシミを作らない「手根メソッド」

ソファにもたれかかったままの「だらっとケア」はまだ続きます。次にご紹介するのは、スキンケアをより効率よく広く深く浸透させる方法です。

使うのは手のひらの親指の下にある、ふっくらとした「手根」。この手根を目元、額、頬などに押し当ててスキンケアをやさしく押し込んでいきます。

手根を押し当てることによって肌温度が上がるため、スキンケアの入りがよくなります。また、柔らかく弾力性のある手根が肌の凹凸にピタッと密着し、効率よくスキンケアの浸透力を高められます。

例えば美白美容液を使って美白を効かせたい部位、シワ改善美容液でシワを改善させたい部位などに使うと、それぞれのスキンケア製品の実力が発揮されてうれしい結果に。

ちなみに私は、しぼみが気になる目元、シワが気になる額、そして、シミが気になる頬骨まわりに「手根メソッド」を用いています。

手根とは

親指の下にあるふっくらとした部位のこと。柔らかくて肌に当てると気持ちがいい。

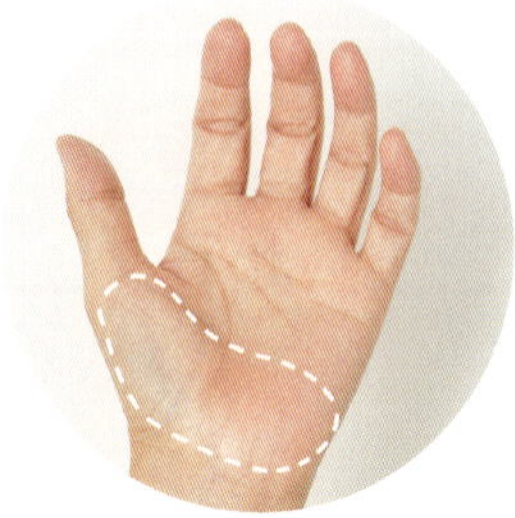

頬骨のまわり

手根全体を使って、頬の広い部分に当てながらスキンケアをやさしく押し込んでいきます。

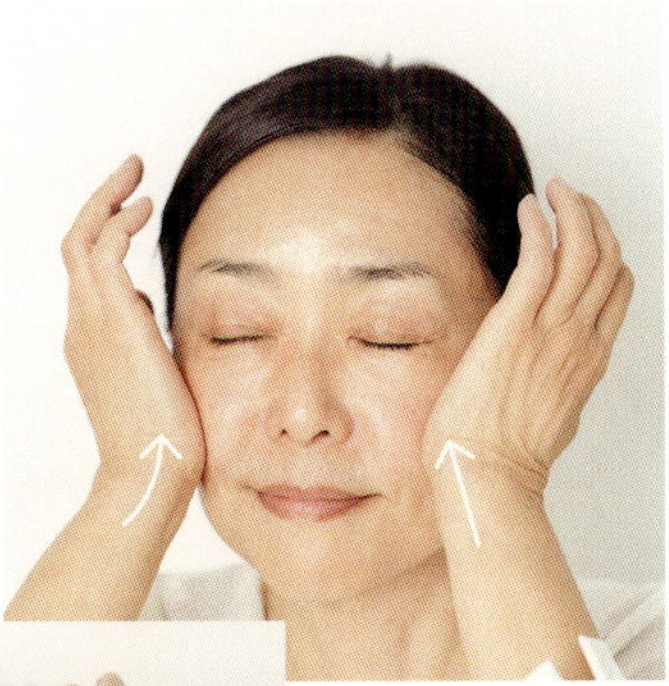

目元

上下まぶたの両方を手根で包むように押し当てます。目元の細かなシワもケアできます。

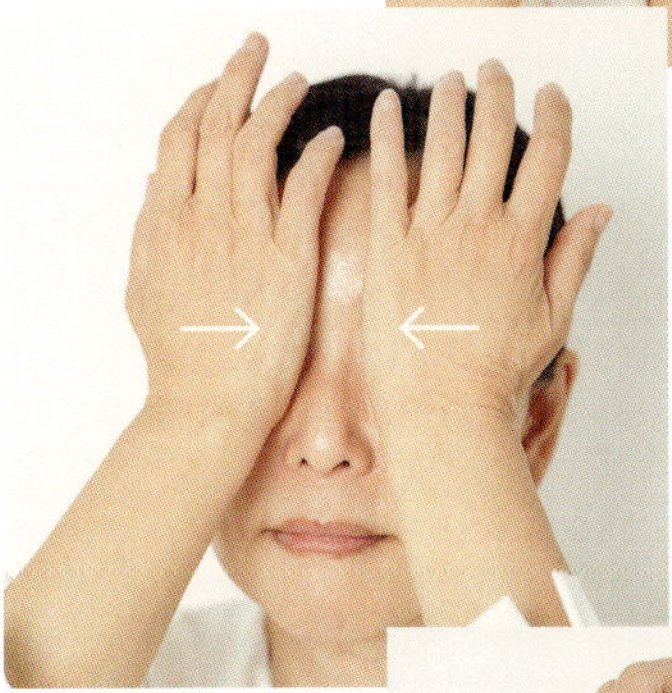

額

額の深いシワは、奥までスキンケアを浸透させたいので、少し強めに押し込みます。じっくり、ゆっくりと。

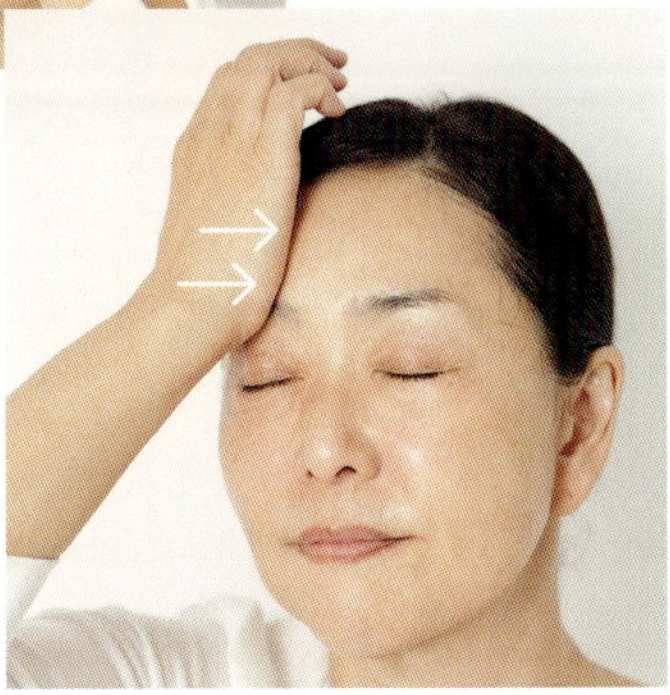

16

「スキンケアは高いものをケチって使うより、安いものをたっぷり使う」は経験上正しい

女性誌のライターや美容雑誌の編集者時代、取材をした**多くの読者の方に共通していたのが、化粧品の１回の使用量が圧倒的に少ないこと**。できるだけ長く使いたいからとケチケチ使いになってしまうのは無理もありません。でも、少ない量では、製品がうたっている効果は出ないのです。せっかく買った高価な化粧品も、無駄になってしまう。

私はそのことを多くの方に伝えたくて、２０１９年に刊行した初の美容本で力説したところ、「使用量を増やしたら肌が変わりました」というお声をたくさんいただきました。

今回、新たな読者のみなさんに向けて、再度お伝えします。**高価な化粧品をケチって使うなら、安い化粧品をたっぷり使ってください。そのほうが美容効果が高まります**。

この使用量が少なすぎる問題は、各化粧品会社も憂えていて、ボトルの背面に「使用量は５００円玉大」など目立つように示している場合もあります。使用量は説明書きなどに必ず示されているので、守るようにしてください。

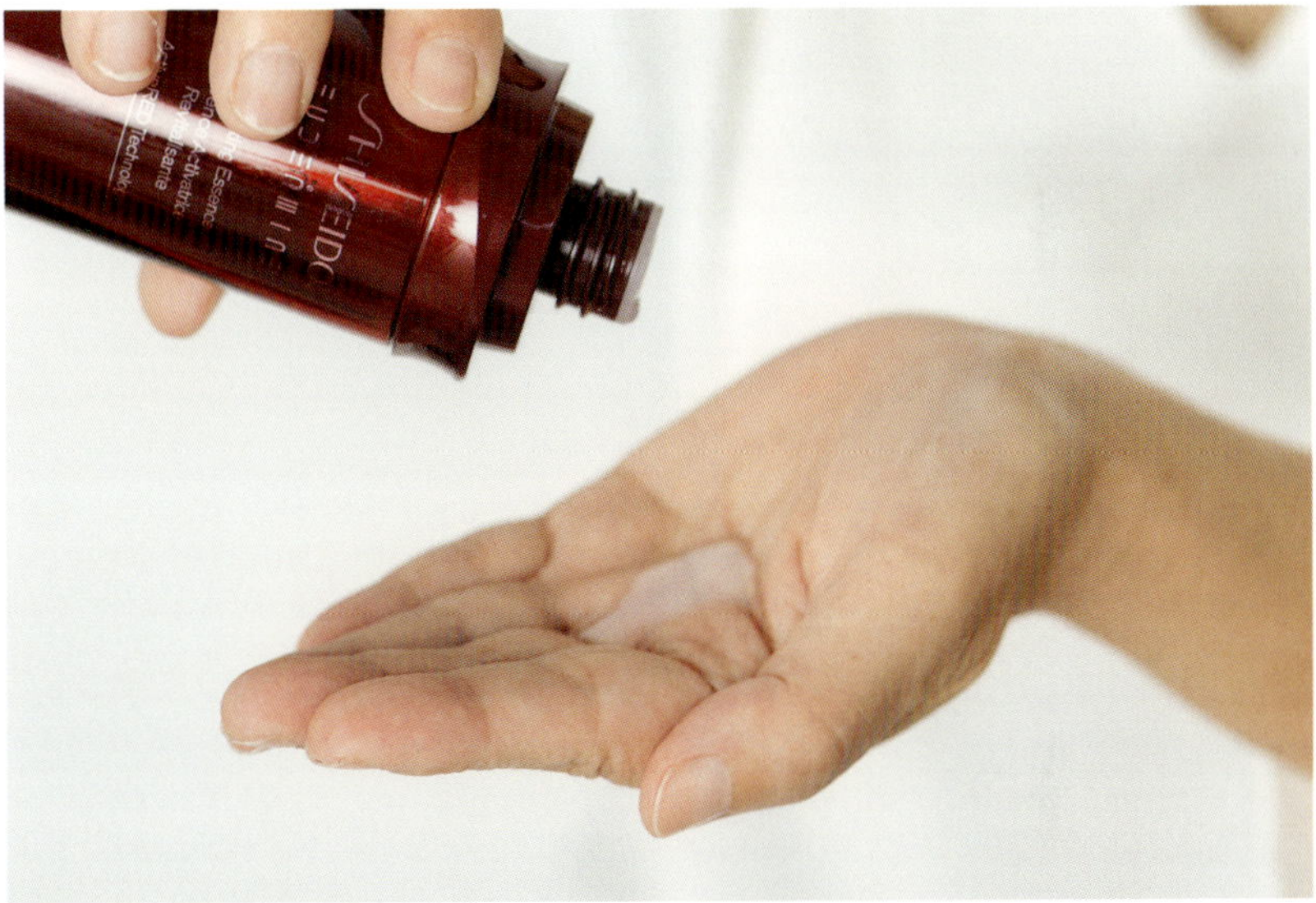

17

シミ、くすみなど、大人肌の粗は「ラベンダーの下地」で一掃する

ファンデーションの使い方が間違っている大人の女性が多すぎます。粗を隠そうとカバー力の高いファンデを厚塗りするか、崩れやシワの目立ちを気にしてまったくファンデを使わなくなるかの2派に分かれますが、どちらも〝おばさん化〟を自ら主張しているようなものです。

よく誤解されているのですが、**ファンデはあくまでも肌色を整えるもので、シミなどの粗をカバーするものではありません。粗が隠れるまで塗ると確実に厚塗りになります。粗のカバーはファンデの前につける下地の役割**。下地をきちんとつけておけば、ファンデは少量ですみ、厚塗りになりません。

私がおすすめするのはラベンダーのコントロールカラー。シミやくすみなどをとばし、顔全体に透明感を与えます。その上にファンデを薄く重ねれば、ちゃんと粗が隠せたのに自然で、ツヤ感のある肌に。ノーファンデ派の方も、ラベンダーの下地を取り入れてみてください。作った感のない「可愛い肌」になれますよ。

フローレススキン グロウライザー SPF20・PA++ 30g 4,950円／コスメデコルテ　色ムラなどが気になる方は、カバー力高めのピンクの下地を取り入れても。うるおいと上品なツヤが増し、小ジワや毛穴の凹凸もつるんとフラットに。ファンデの量がぐっと減らせます。

スキンプロテクター カラーコントロール 001 SPF40・PA+++ 30g 4,180円／アディクション ビューティ　大人肌のくすみをとばし、透明感を与えてくれるラベンダー色の下地。私は肌が2段階トーンアップするくらいしっかり塗ります。ファンデを重ねると、透き通るような美肌に。

1

ラベンダーのコントロールカラーを手の甲に出します。くすみが気になる人は少し多めにつけるのがポイント。

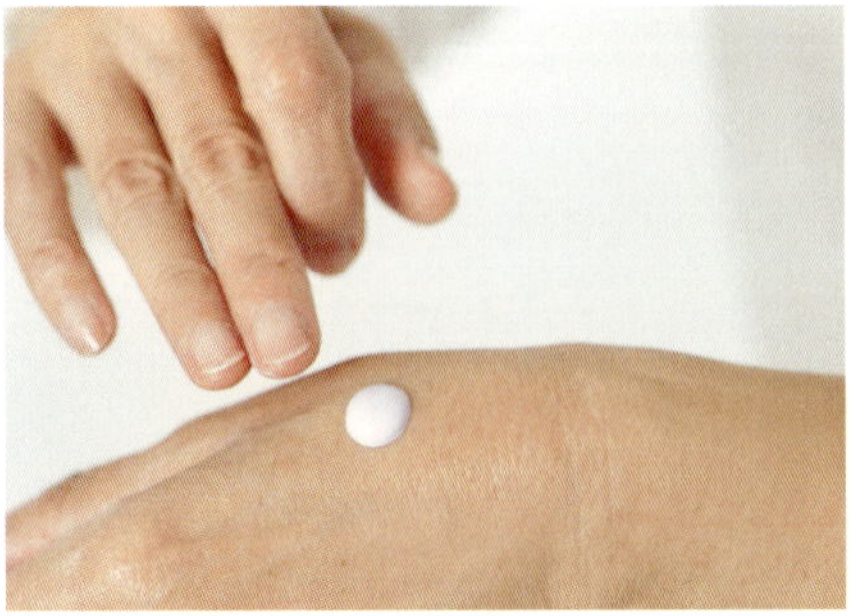

2

手の甲でコントロールカラーを広げて、配合されている粉や顔料などを均等にします。ムラなくつけやすくなります。

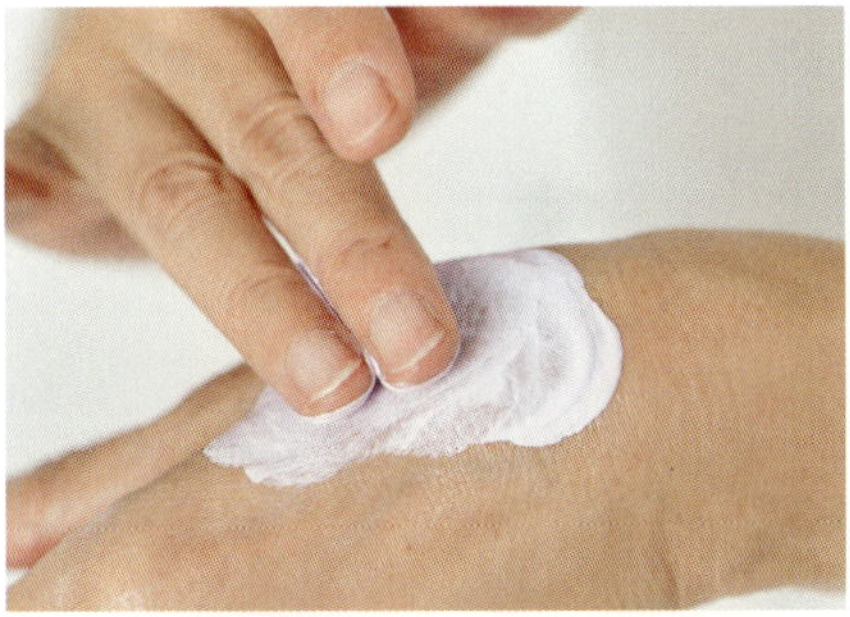

3

顔の中心から外側に向かってのばしていきます。特にシミやくすみが気になる箇所は多めにつけて。

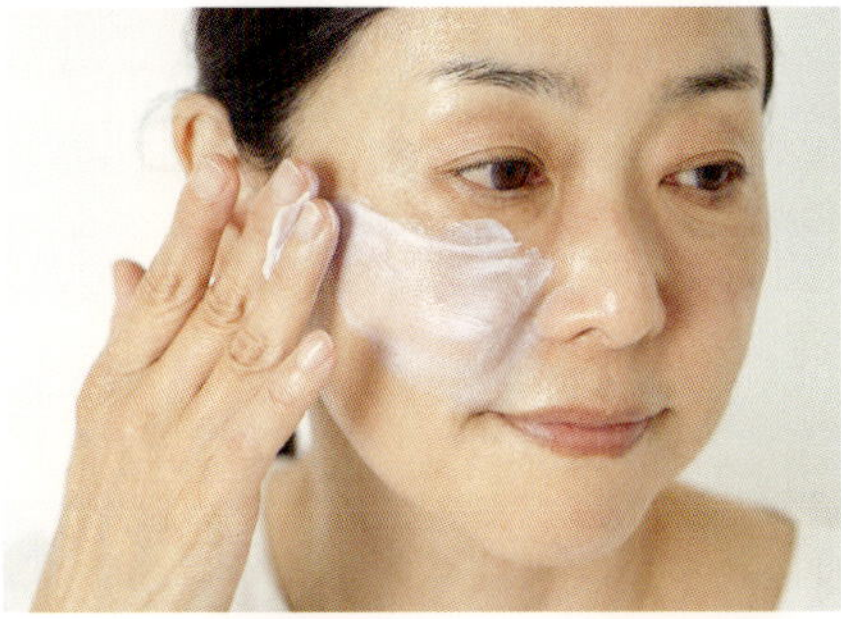

4

顔にのばしたら、タッピングしながらラベンダーカラーを溶け込ませ、ツヤ感を際立たせます。

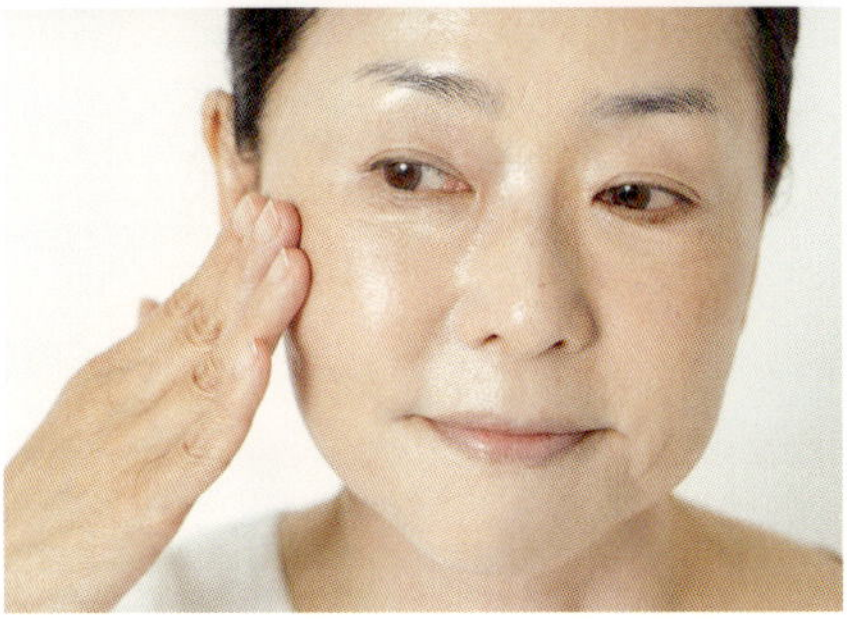

18

ファンデーションは「ブラシづけ」+「スポンジならし」で美肌&時短

50代以上の大人肌には、薄く仕上がるファンデーションが最適です。**大人がカバー力の高いファンデーションを使うと、大人特有の凹凸のある肌になじまず、浮いてお面のようになって**しまいます。P44でもお伝えしているように、肌の粗をカバーするのは下地であり、ファンデーションは肌の色を整えるもの。**大人にぴったりなのは、薄づきのリキッドファンデーション**です。

ただ、リキッドは面倒くさい、手が汚れる、ムラづきになる、のばすのに時間がかかるなど、苦手な人も多いのも事実。ここはツールを活用して解決しましょう。**ファンデーションブラシとスポンジの二刀流**がおすすめです。

ブラシでファンデをざっとのばした後、スポンジでタッピングしながらなじませていきます。ファンデが肌にとけ込みながら密着して、ムラのない美しい薄肌が完成します。

ブラシとスポンジという先行投資が必要ですが、仕上がりの美しさと時短が叶うので、試す価値は十分にあります。

テクニカルブレンダー 2,970円／ブリリアージュ　水でしぼってファンデをポンポンなじませると、毛穴知らず崩れ知らずの肌になるメイクスポンジ。類似品は数あれど、仕上がりも持ちやすさも別格。

パンソーL（タンフリュイド&クレーム） 7,150円／クレ・ド・ポー ボーテ　ファンデはこのブラシで顔にのせ、のばします。熊野筆の技術を用いて作られていて、あたりがなめらか。肌印象が変わります。

エッセンス スキングロウ ファンデーション 全12色 SPF30・PA+++ 30mℓ 7,590円／SHISEIDO　ケフィア美容液成分を配合し、本気のスキンケアができるリキッドファンデ。私は220を愛用。

1

手のひらにリキッドファンデーションを多めに出して、ブラシに含ませます。

2

ファンデーションをすくうようにブラシを動かし、奥までたっぷりと含ませていきます。

3

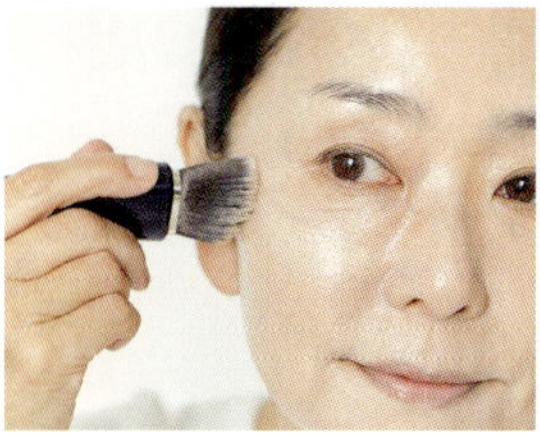

内側から外側、上から下など、ブラシの筋ムラができないようにいろいろな方向に動かしてのばす。

4

ファンデーションが顔全体に行き渡ったら、スポンジでタッピングしながらなじませる。

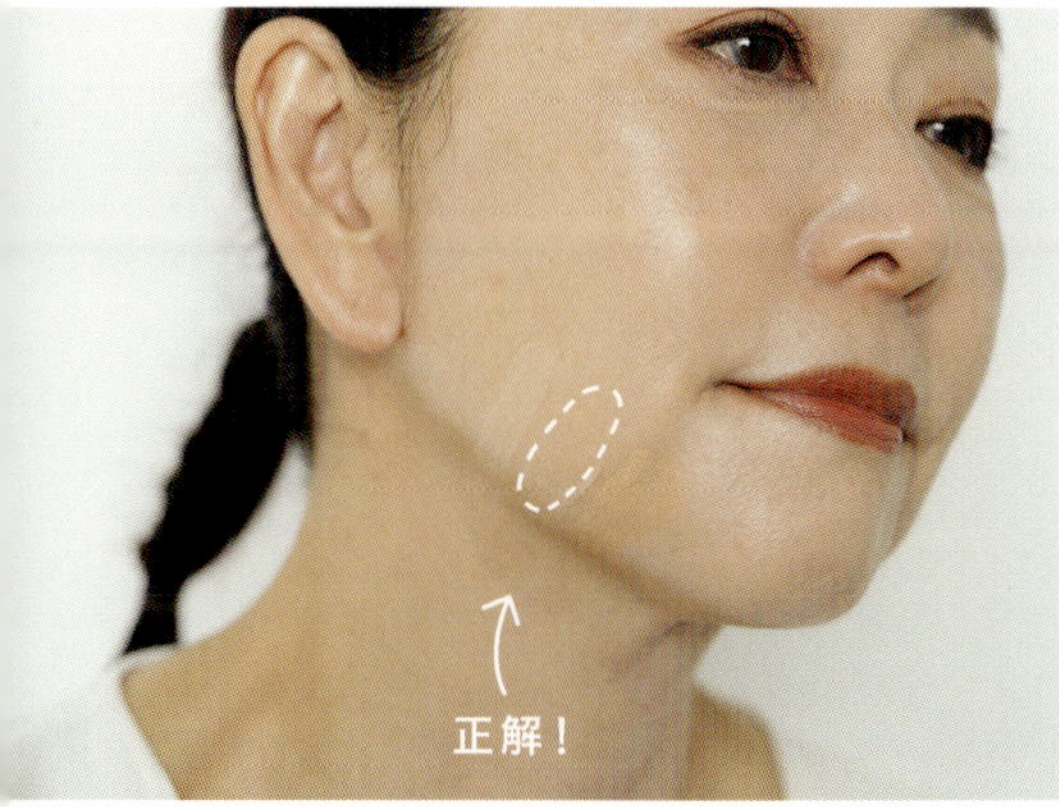

ファンデーションの色選びは 肌にとけて消える色 が正解

50代以上の人は、肌よりも明るい色を選びがちですが、白浮きして顔が大きく見えます。あごと首の境目に数色つけて、肌に同化し、とけて消えたように見える色を選びましょう。

19

頑固なシミは「暗めのコンシーラー」で消滅

ラベンダーカラーとファンデーションで美肌を作れたつもりでも、大人特有の濃いシミが気になるという人もいます。自分が気にしているほど、人は見ていないものですが、〝自分の気になる〟は、どうしたって気になるもの。気持ちも上がらず、鏡を見るたびにため息をつくことになるので、ファンデの後にはコンシーラーでシミをカバーしていきましょう。

シミは暗いので、明るいコンシーラーでカバーできると思いがちですが、実は真逆。明るい色をつけると下からシミの色が浮き上がって、よけい目立たせることになってしまいます。**シミを消したい場合は、肌色よりも一段暗めのコンシーラーを使い、周辺の肌になじませる**のが鉄則。**パレットタイプのコンシーラーなら色の調合ができるので、シミや肌の色になじむ自分だけの「消滅カラー」が作れて便利**です。

クマやくすみは、明るめのパールベージュでトーンアップを。おすすめは動きの大きい目元にも密着する筆ペンタイプ。クマやくすみに重ね、指でトントンと軽くなじませて。

ラディアント タッチ 2　5,940円（2024年10月9日より6,600円）／イヴ・サンローラン・ボーテ　クマにはこれ一択。肌色よりほんの少し明るく、細かなパールの入ったベージュで、クマを明るくとばしてくれます。疲れて見えるくすみを払う感覚で取り入れるのが正解です。

トーンパーフェクティング パレット　01 4,950円／コスメデコルテ　多岐に亘る大人の肌悩みをカバーするなら3〜4色入っているパレットコンシーラーを。暗めカラーはマスト。このコンシーラーはカバー力がありつつ透明感が高いので、簡単に使いこなせます。

20

「Cゾーンにハイライト」で5秒でツヤのある「可愛い人」に変換

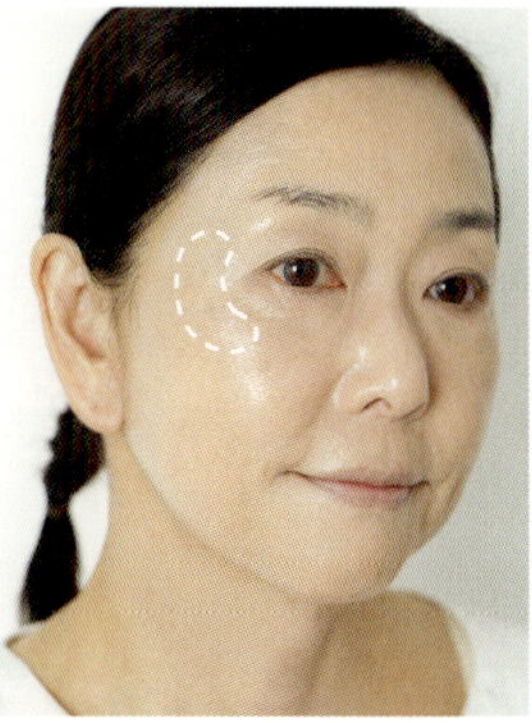

こめかみから頬の高い位置（Cゾーン）にかけてハイライトを入れると、ここに光が集まってツヤが宿り、美肌印象に。

大人の顔にはツヤが必要、というと、ツヤとテカりの違いはなんですか？と聞かれます。簡単にお答えすると、**テカりの正体は皮脂であり、ツヤの正体は肌の水分**です。

皮脂によるテカりは、照明や環境に関係なく、顔じゅうの肌の表面に、ギラギラと出現します。対してツヤは、光が当たったときにほんのりと肌の内側からきらめくものです。

私はベースメイクの最後に、**リキッドタイプのハイライトで水の輝きのようなツヤを足します。こめかみまわりのCゾーンにのせると、大人特有のくぼみ影が消え、若々しい美肌に。**頬の高い所にも少しのせて、ふっくらハッピーな丸顔に。

ディオールスキン フォーエヴァー グロウ マキシマイザー パーリー 5,940円／パルファン・クリスチャン・ディオール　シルバーホワイト系のベースに、大粒のホワイト系ラメが入ったリキッドハイライター。指でとってCゾーンに薄くなじませ、透明感と華やかさをプラス。

21

「あご下だけシェーディング」でたるみをなかったことに

小顔に見せる目的でフェイスラインに影を入れるシェーディング。若い人の間では今や当たり前になっていますが、シェーディングは大人にこそ必要なテクニックです。

私は仕事柄、プロのヘアメイクさんにメイクしていただくことも多いのですが、必ずあごまわりにシェーディングを入れられます。**年齢を重ねるとあご下は脂肪がたまって二重あごになりやすくなるので、影を入れて、たるみを少しでも目立たないようにするのが必須**なのです。

少し前までは、シェーディングといえばダークでマットなこげ茶でしたが、今は透明感のあるライトなカラーが多く、シェーディング初心者でも失敗しません。広範囲に入れても気づかれにくく、キュッと引き上がった顔に偽造できます。

ただし、**大人はあご下の、正面から見ると影になる部分にのみ入れること**。小顔効果を狙って頬骨の下やフェイスラインに入れると、大人のくぼみ影が強調され、かえって老けて見えるのでご注意を。

ヴィセ　シェード トリック　BR300　1,760円（編集部調べ）／コーセー　キメ細かく、柔らかに発色するシェーディング用パウダー。透明感があるので、つけた感ゼロで立体感が出せます。3色をブレンドして、自然な仕上がりに。あごラインにフィットするブラシの形も絶妙！

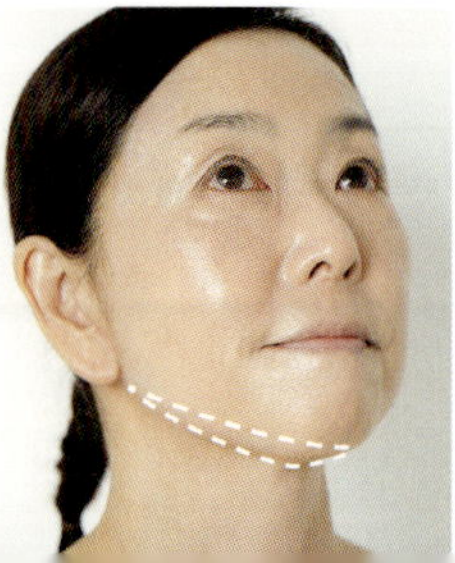

22 お粉をパフでつけると一気に老ける

日本人女性は老いも若きも、「お粉」（フェイスパウダー）が大好き。〝お粉でセミマットに仕上げた肌が美肌〟というイメージがあり、ベースメイクの最後にお粉を大量に使い、均一で隙のない肌に仕上げることに躍起になる傾向があります。お粉の消費量は世界一かもしれませんね。新製品のお粉が、予約の段階で完売してしまうことがあるほどですから。

しかし**50代以上の大人は、お粉のつけ過ぎに要注意**。ツヤ感が消えて平面顔になり、顔も大きく見えます。

これは付属のパフを使うのが大きな原因。パフはお粉を含みやすいので、手の甲などで粉の量を調整しないと、厚塗りになり老けて見えるのです。**大きなフェイスブラシを使い、サッとなでる程度にのせる**のが、ツヤを消さずに、テカりをおさえるコツです。

また、**大人はほんのりツヤ感のあるお粉や、色のつかないトランスペアレントタイプを使うのが正解**。色つきのマットなものは老け感を強調するので避けたほうが無難です。

フェイスブラシ　5,940円／ブリリアージュ　お粉は必ずこれで。肌あたりがなめらかで、ムラづきなし。滑らせるだけで、大人肌の粗も上手にカバー。

プードルコンパクトエサンシエルn 12,100円／クレ・ド・ポー ボーテ　メイク直しにはこちら。内側から発光するような透明マットなパウダーで、メイクしたての肌に。

ルース パウダー 00 20g 6,050円／コスメデコルテ　色がつかず、透明感のあるツヤの出る00のトランスルーセントを愛用。粉感ゼロで毛穴もふわっとカバー。

23

夕方のお疲れ顔は「ラベンダーのパウダー」で即若返り

朝、頑張ってメイクをきれいに仕上げても、夕方になるとどうしてもお疲れ顔になってしまうのが大人というもの。アジア人特有の肌の黄味が色濃く出て、どんよりとしたくすみに。クマの影も濃くなり、毛穴にファンデが落ち……。電車の窓に映った自分の顔に愕然としたことのある方も多いのではないでしょうか。**お疲れ顔をカバーするために、外出先でパウダーファンデーションを厚く重ねるのは厳禁。**べったりと重くくすんだ肌になり、毛穴もヨレもかえって目立つ結果に。**代わりに使ってほしいのが、ラベンダーカラーのフェイスパウダーやチーク**です。ラベンダーなんて顔色が悪く見えそう、と思う方もいるかもしれませんが、ラベンダーは、くすんだ黄味肌を青味を帯びた美白肌に変換し、透明感まで与えてくれる魔法のカラー。下地にも取り入れますが（P44参照）、メイク直しにも大活躍します。頬にサッとひとハケのせるだけで、明るく若々しい肌色に見せてくれるのです。ぜひポーチに携帯してください。

アルビオン スタジオ オパルセント オーラ 6,050円／アルビオン　淡い青みラベンダーのプレストパウダー。透明度や反射率、色の異なるパールが、くすみを払い、透き通るような肌印象を演出。オイルコーティングした粉のフィット感が素晴らしい。

パステルペタル ブラッシュ 03 4,620円／ジルスチュアート　ビューティ　若い世代向けのブランドのチークですが、毛穴や小ジワをふんわり自然にとばす効果が絶大！大人のくすんでしぼんだ肌に透明感とツヤを与え、老け見えから救ってくれます。

24

肌トラブルのたびに駆け込める「皮膚科の主治医」をもつ

私は肌の不調を感じたら、即、皮膚科を受診することにしています。実は私はよく顔に小さな脂肪の塊ができます。できるとすぐ皮膚科に駆け込み、レーザーで穴をあけて、脂肪をかき出してもらいます。ものすごく痛いですが、放っておくと塊はどんどん大きくなり、治療の痛さも増していくので、なるべく塊が小さいうちに受診するようにしています。疲れてピアスの穴が膿んだ、夏に湿気で帯状疱疹の跡がかゆくなったというときも、悪化しないうちに皮膚科へ。

大人は皮膚科のかかりつけ医をもつべきです。吹き出物ができた、化粧品が合わず肌荒れしたなどの**軽いトラブルも、大人の場合、放置すると老化を加速させることになりかねません**。気軽に受診できる皮膚科があると安心です。

自分に合う皮膚科を見つけるには、とにかく何軒も訪ねるしかありません。私も何年もあちこち探し歩き、やっと信頼できるドクターと出会えました。

大人の皮膚科探しは、真剣にやるべきことの1つです。

COLUMN

昭和→平成→令和 私のコスメ遍歴

『ＪＪ』時代。ディオールのブルーの4色アイシャドウとパールピンクのリップで、サーファーメイクを誇示。

私の化粧品熱が高まったのは、80年代に女性誌『JJ』のライターを始めた頃にさかのぼります。

当時はブルーのアイシャドウ、パールピンクの口紅が鉄板で、それ以外はメイクではない、というくらい。目元はより鮮烈なライトブルー、口元はよりギラギラしたパールピンクが好まれ、そのニーズに応えていたのが外資系ブランド。ディオール、シャネルをはじめ、レブロン、マックスファクターが台頭し、発色控えめの国内ブランドは影を潜めた時代でした。

同じく80年代の後半、バブリー時代の到来とともにシュウウエ

80年代の最もメイクが濃い時代。太眉、厚肌、濃厚ローズリップで、顔のどこにも「抜け」がない時代。

90年代は安室ちゃんブームで、大人たちも細眉に。目力メイクも全盛で、アイライナーを強めに引いていました。

ムラの眉ペンシルで描く太眉、花王ソフィーナのリキッドとパウダリーW使いの隙のない肌作り、サンローランのローズ色のリップなどが流行し、私史上、最もメイクが濃い時代でした。

平成に入ると安室ちゃん系の細眉が流行り、大人にも波及して私も自然と細眉に。M・A・Cなど、ベージュ系のリップが主流で、女性の顔はみんな無機質でした。

そんなメイクの変遷を経て現在に至りますが、大人になった今が人生でいちばんベースメイクは薄め。年齢的にも時代的にも、厚化粧は避けるように心がけています。

Chapter 02

「柔らか顔」を作るメイク

眉間にシワがよる、口角が下がる……
年齢を重ねると、誰もが
「不機嫌顔」や「不幸顔」に近づいてしまいます。
「可愛い」を手に入れるには、
淡く明るい色で、ふっくら丸く、
柔和な顔に見えるようメイクするのが正解です。

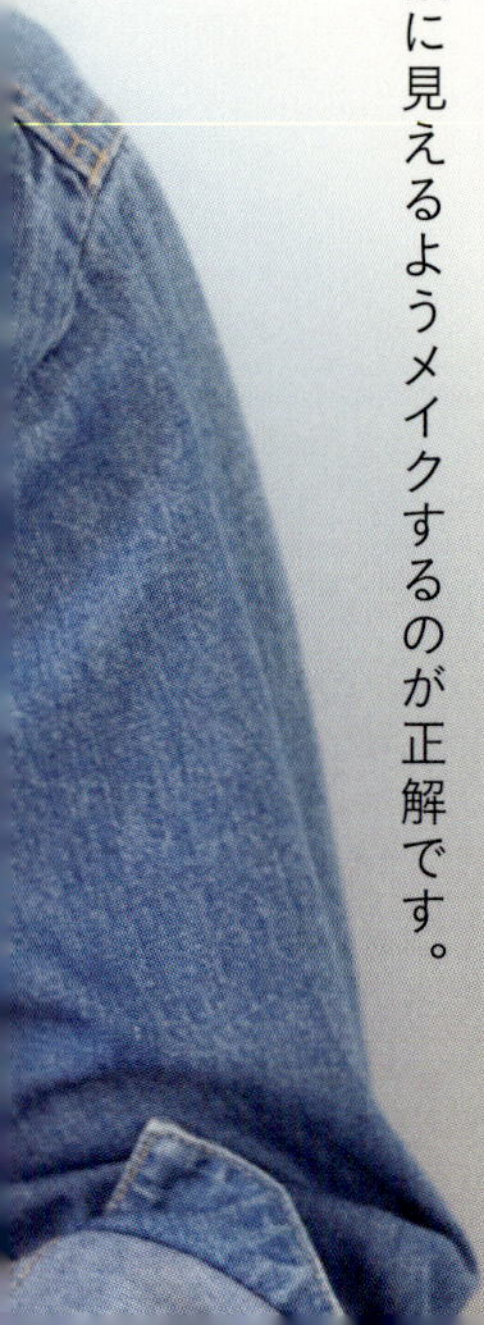

25

大人の顔はふっくら丸く。「不機嫌顔」と「不幸顔」から脱却する

以前、ドラマの仕事をしているメイクアップアーティストの方に取材をしたことがあります。役に合わせて俳優の顔を作り上げるとき、悪役の場合、シワを深く描き、目の下や頬にシェーディングを入れて顔に影を仕込むそうです。つまり、**悪役顔を作るときは、老化顔に寄せていくのです**。

歳をとると一様に顔が怖くなるのはそういうことかと妙に納得しました。シワやたるみは顔に影を作り、不機嫌そうで、事情を抱えていそうな不幸顔になりがち。健康や介護問題など、実際いろいろな問題を抱えがちな50代以降ですから、メイクはできるだけ幸せ顔に見せることを意識しましょう。

やってはいけないのは、ぼやけてきたパーツを補おうと、くっきり濃く、シャープに描くこと。影とたるみが強調され、さらに怖い顔に。**正解は、淡く明るい色を使って影を消し、パーツをぼんやり丸く描くこと**。イメージは幼少期のまるまるとした「可愛い」顔。大人の顔は太って見えるくらいでいい。明るさと丸みが幸せオーラを呼びます。

大人の顔は太って見えていい

眉

描くのではなく、
自眉をなぞるイメージで
ぼんやりやさしい形に

目

茶色のアイライナーで
目の中央を盛り上げて
まん丸の目を作る

頬

コーラル系のチークを
ふわっと広めに入れて
若々しい高さを出す

唇

リップペンシルで
輪郭をふっくら偽造。
口角は上げ、
への字口を回避

26

「一重まぶた用まつ毛カーラー」は下がったまつ毛の救世主

眼瞼下垂で手術を受ける同世代の友人が増えています。眼瞼下垂とは、まぶたがたれ下がって眼球にかぶさり、見えにくくなる症状。視界が狭くなるほどでないと疾病とは診断されないそうですが、手術するほどでなくても、50代、60代以上にとって、まぶたのたるみは共通の悩みでしょう。

美容においても、まぶたのたるみは大きな弊害を生みます。まぶたがかぶさり、まつ毛が短く少なく見えることです。それでなくても大人はまつ毛が減って短くなるというのに。

まつ毛をたるみまぶたから引き出すのに、効果的なアイテムがあります。それは一重まぶた用のまつ毛カーラー。まぶたをぐっと押し込める構造になっていて、まつ毛の根元を露出させ、しっかりはさむことができるのです。大人の埋もれたまつ毛でも、面白いほど長さが出て存在感が増します。

まつ毛は、0.1㎜でもいいから長さを出していきましょう。若々しく「可愛い人」は、丸くぱっちりした目があってこそですから。

アイプチ ひとえ・奥ぶたえ用カーラー　1,650円／イミュ　本来は一重や奥二重の人のために作られたカーラーですが、まぶたの下がった大人にも最適。山型に盛り上がったプレートでまぶたをぐっとを押し上げ、まつ毛の根元をキャッチ、下がったまつ毛や短いまつ毛も、しっかりカールできます。

1

まずアイホールにプレートをあてる。

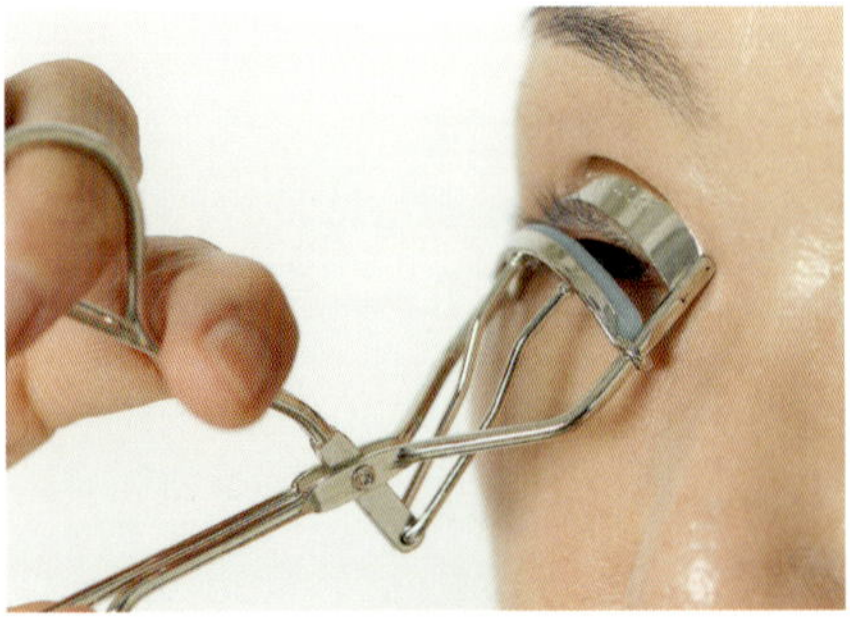

2

プレートの下端をまつ毛の生え際に合わせる。プレートの上部でまぶたをアイホールの奥に押し込むと、まつ毛の根元が露出するので、しっかりはさめます。私はここで直角にまつ毛をアップ。

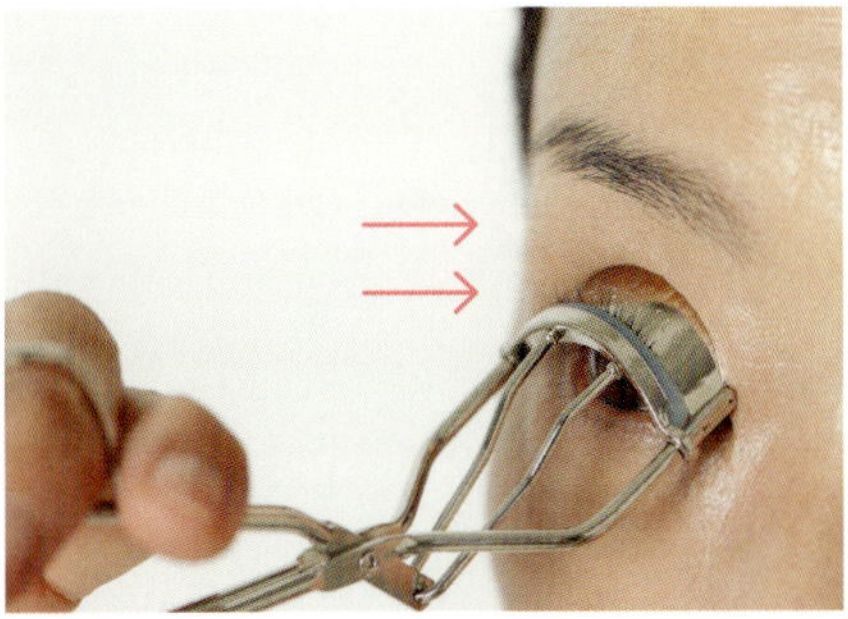

3

さらに毛先に向かって2〜3カ所はさみ、まつ毛を自然にカールさせる。

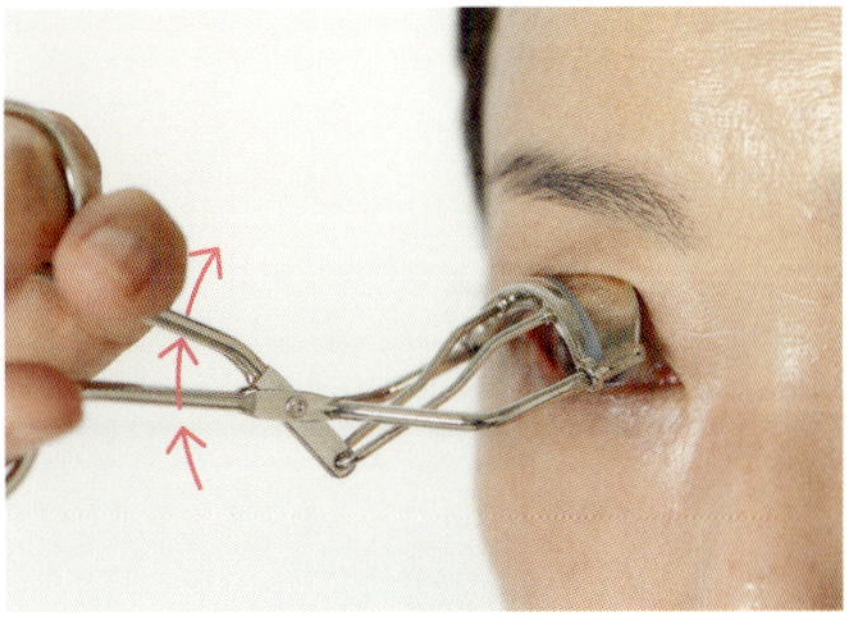

27

アイシャドウは「コーラル8割＋締め色2割」で目元が若返る

年齢を重ねるとアイシャドウを使わなくなる人が増えます。何色を使っていいのかわからない、肌のくすみで濁った色になるというのがその理由。逆に、たるんで小さくなった目を大きく見せようと、ぐるりと濃い色で囲む人も。

大人の可愛さを演出するには、どちらも不正解です。

大人のアイシャドウは、ほんのりと血色を与えるコーラルを選ぶのが正解です。透明感のある繊細なパールの入ったものなら、くすみもカバーし、健康的で生き生きした目元を作ってくれます。ラベンダーやパープル、ブルーは、大人肌ではくすんで見えがちなので、避けたほうが賢明。

昔はアイシャドウといえば多色グラデーションで、キーカラーを太く見せるのがおしゃれでしたが、**大人におすすめは淡い2色使い**。コーラルを上まぶたに広く、下まぶたの際にもほんのり入れ、締め色のブラウンは上まぶたの際だけに入れます。**あくまでもコーラルを広く、締め色は細くし、ほんのり明るい目元を作ることが「可愛い人」になるコツです**。

ルナソル アイカラーレーションN 01　7,700円／カネボウ化粧品　シワやたるみが気になる目元にもなじみのいいのが、このアイシャドウ。繊細なパウダーが目元にフィットし、くすまず粉浮きせずに自然な陰影を作れます。色味も濃すぎず透明感があり、上品で「可愛い」目元に。

上まぶたの際

ブラウンで際をなぞる。
重くならずに
目が大きく

上まぶた

まぶたの3分の1くらいまで
コーラル系を。淡く広げるイメージ

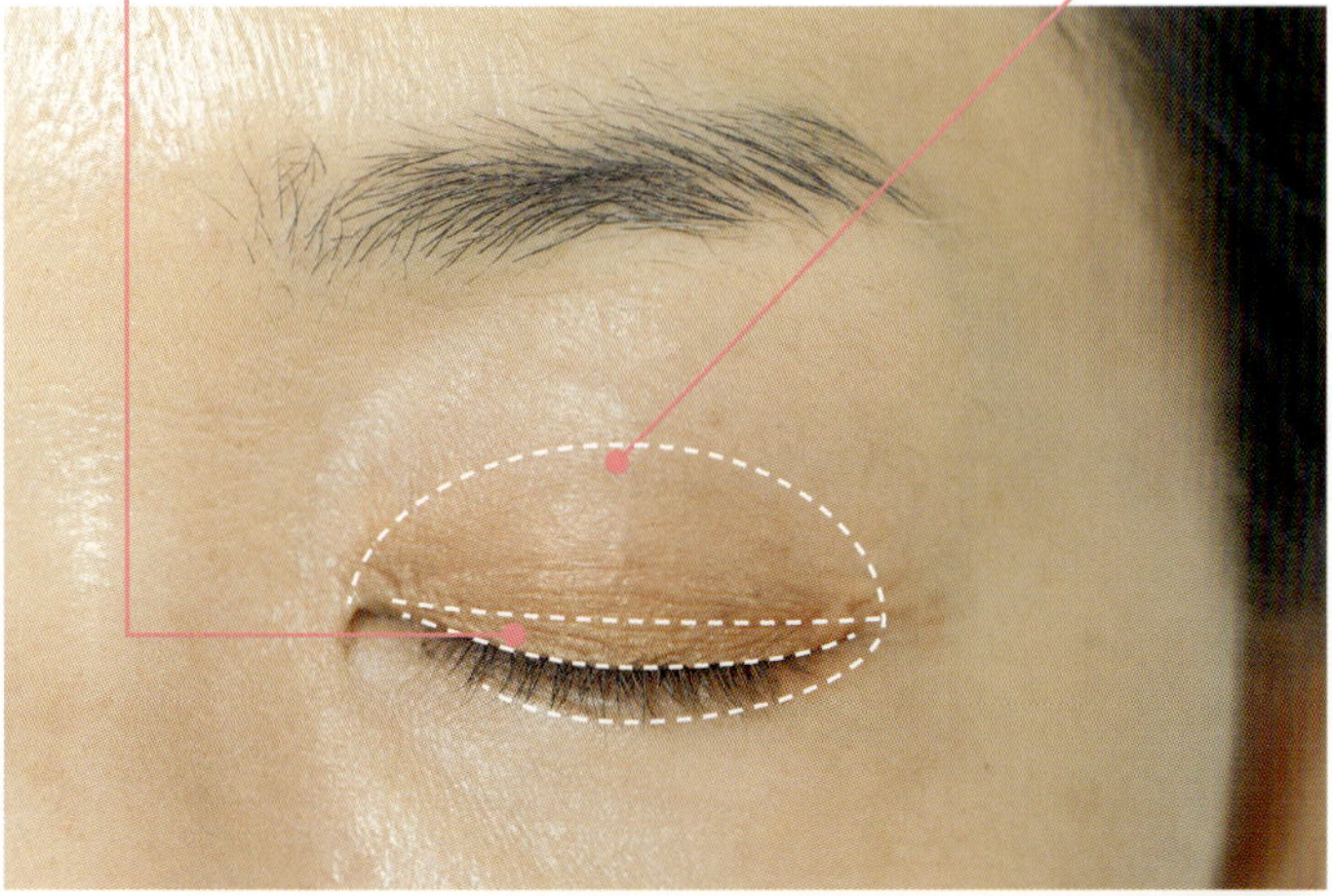

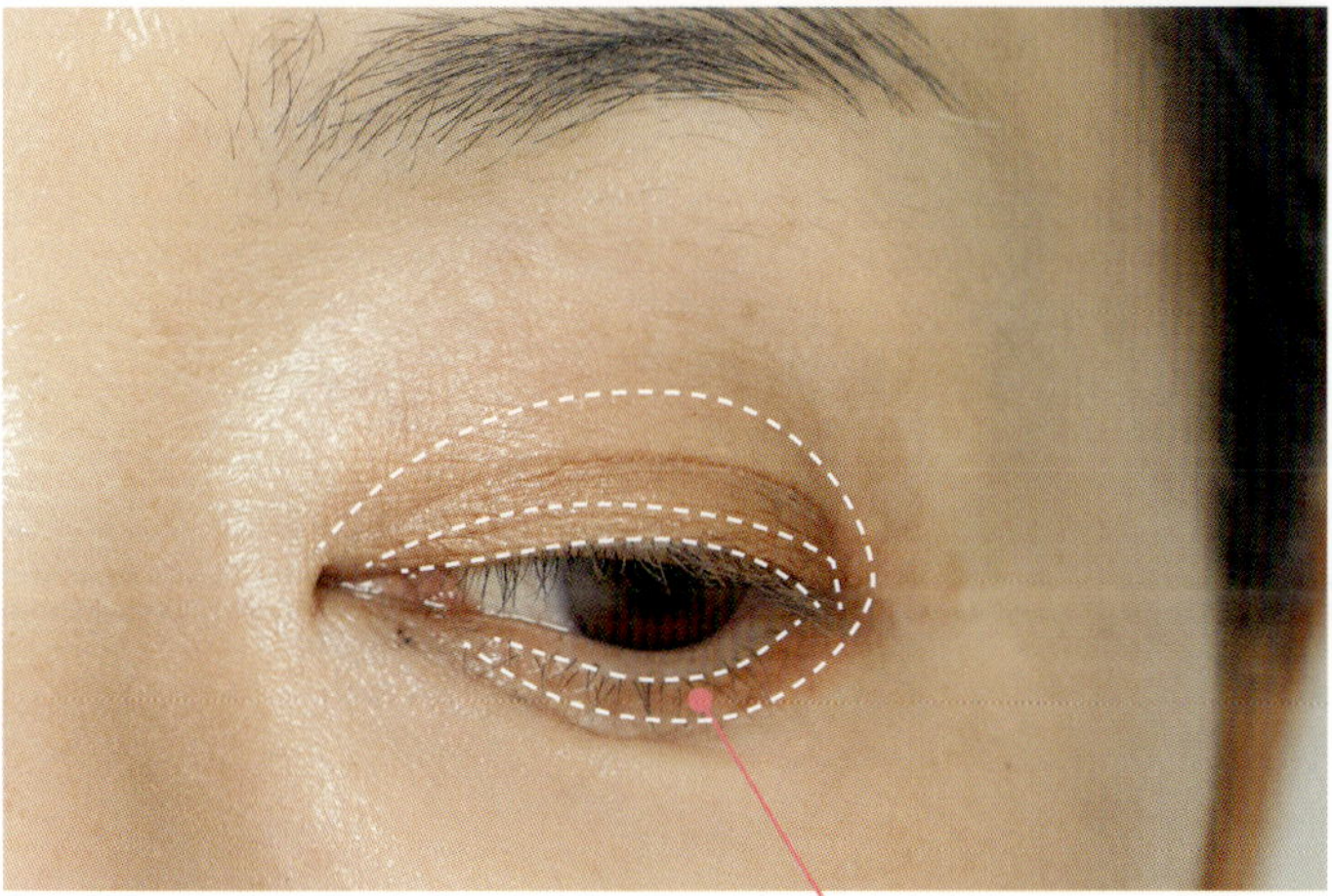

下まぶたの際

コーラルを下まぶたの
目尻寄りの際にも。
間延びしがちな
目〜口の間を短く見せる効果も

28
「黒のアイライナー」は卒業する

アイライナーは、目をはっきり大きく見せるアイテム。しかし、若い頃のようにくっきりとラインを描いてしまうと、たるんで小さくなった目をさらに強調する結果に。

大人のアイラインの目的は3つ。

①少なくなったまつ毛を補い、たっぷりあるように見せる

②上まぶたの粘膜に入れ、黒目を大きく丸く見せる

③目の際にぼやけた影を入れ、目の形を丸く見せる

そのために必要なのが3種類のアイライナー。①まつ毛を増毛して見せるためのライナー。まつ毛の隙間を埋めやすいリキッドタイプを。②上まぶたの粘膜を埋め、際に影を作るのは軟らかなジェルライナー。③下まぶたのまつ毛を増毛して見せる、淡い影色のリキッドライナー。

3種類すべて、ブラウンを使うのがマスト。黒のライナーは強すぎて目つきの悪い顔になってしまいます。目の形を強調しすぎると、たるみも悪目立ち。**ブラウンでぼんやり描き、やさしくさりげなく大きく見せるのが正解**です。

①マジョリカ マジョルカ ラインエキスパンダー BR612 1,045円／資生堂　アイライナーはプチプラでも優秀なものがたくさん。コシがある筆で、細部まで美しく描けます。上まつ毛の隙間を埋める用。

②デジャヴュ ラスティンファインE 極細クリームペンシル　ダークブラウン　1,320円／イミュ　粘膜ラインを描くには、軟らかく耐水性があるジェルライナーがベスト。ぼかして影色をつけるにも便利。

③ディーアップ シルキーリキッドアイライナーWP シフォンブラウン 1,430円／ディー・アップ　薄づきブラウンという新しいタイプのアイライナー。私は下まぶたに入れ、まつ毛が増量したように見せます。大人の目元を自然にくっきり。

1

上まつ毛の隙間を①のリキッドライナーでちょんちょんと埋めて、まつ毛の影を増やす。点置きするとまつ毛が増毛した風に。

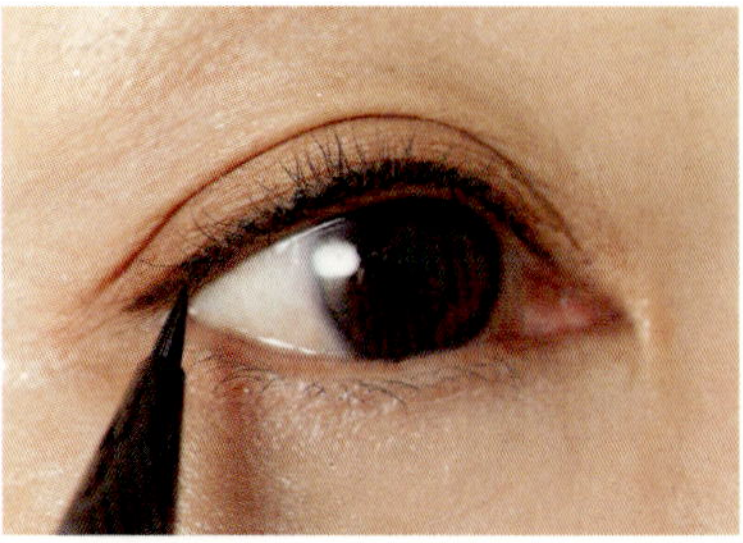

2

②のジェルライナーで、上まぶたの際に、ぼんやりと影を入れる。目尻を太めにすると目の横幅が大きく見え、たれた目尻もリフトアップ。

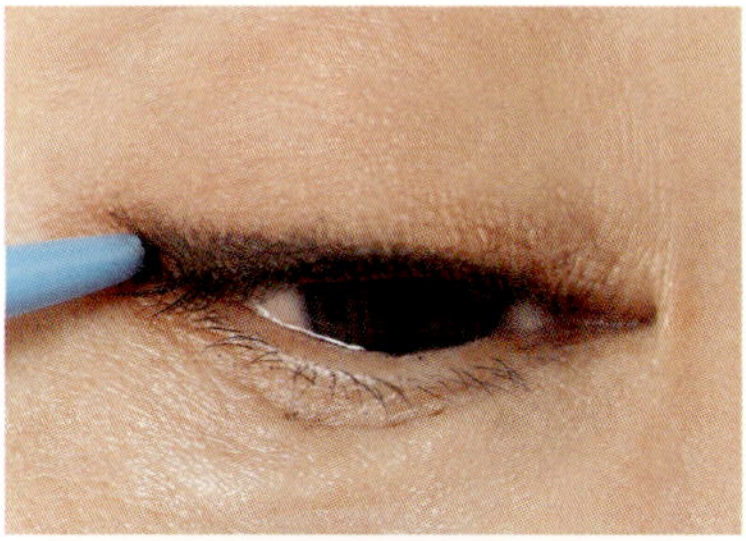

3

正面を向いたときの黒目の幅に、②で粘膜の中にラインを入れる。黒目が一気に丸く大きくなって可愛い目に。

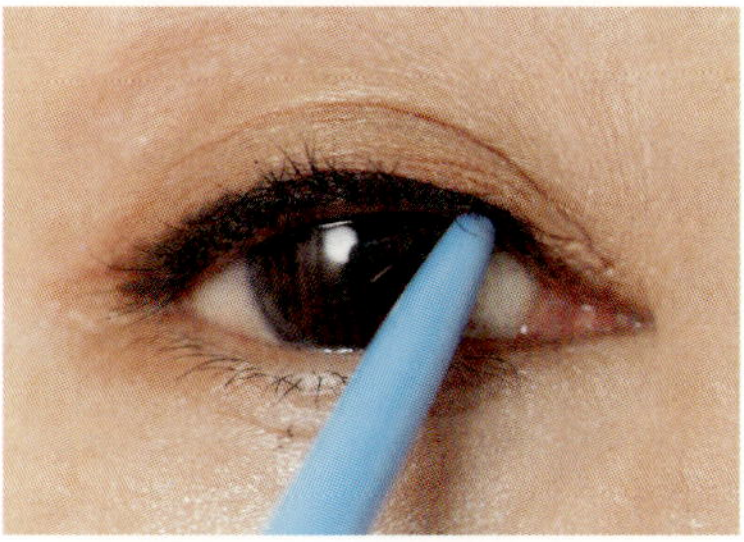

4

③の淡い色のリキッドライナーを、下まつ毛の隙間を埋めるように点置き。これで目の縦幅が自然に広がる。

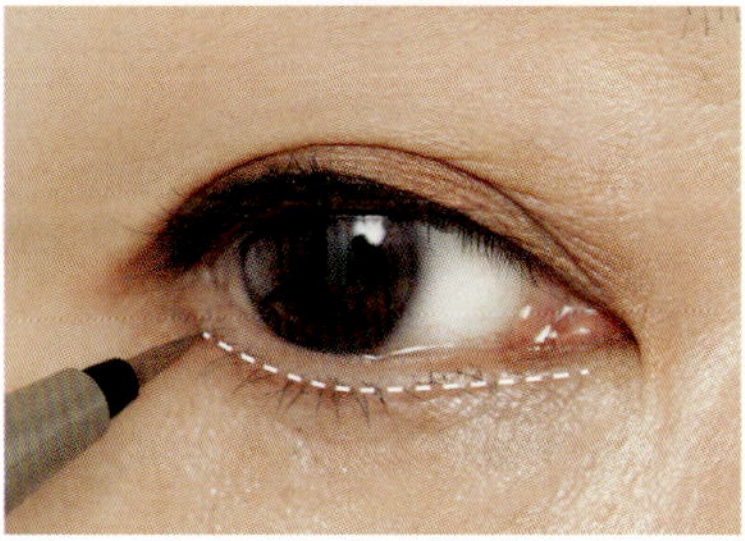

29

「クリアブラックのマスカラ」でたるみまぶたを持ち上げる

大人の短く少なくなったまつ毛を補うために、マスカラは欠かせません。けれど、若い頃のようにボリュームを出そうと頑張るのは危険。しぼんだ目元をひじきのようなボリュームマスカラで黒々と盛ると、かえって目が小さく見えるうえ、清潔感が失われます。アイシャドウやアイラインのページでもお伝えしたように、大人の目元に「強さ」は不要なのです。

マスカラを選ぶときは、絶対にロングタイプを。

色は黒でもちろんよいのですが、最近流行りの**クリアブラックという、グレーに近い透明な黒をおすすめします**。下地としても売られていますが、**大人の場合は1本で使うのもおすすめです**。自まつ毛がツヤやかに伸びたような、ごく自然な仕上がりで、キープ力も強く、落ちにくい。まつ毛がしっかり上がり、たるんだまぶたも引き上がった印象に。

今どきのマスカラは、昔と比べものにならないほど質が向上しています。手持ちのマスカラを更新し、幼い子どものような、フサフサとしたまつ毛で「可愛い人」を目指しましょう。

スカルプD マスカラ ロングロング ナチュラルブラック　1,980円／アンファー　まつ毛に長さが欲しいときは、エテュセの下地にこれを重ねます。すっと伸びて自然に長さが出せ、ダマ知らず。美容液成分や毛髪補修成分入りで、コシのなくなったまつ毛のケアがついでにできるのもうれしい。

アイエディション(マスカラベース)　透明ブラック　1,320円／エテュセ　透明な黒のマスカラ下地。ゴテっとつかず、素のまつ毛が伸びたような仕上がり。コーム型ブラシで根元からしっかりカールアップ。汗や皮脂にも強いので、まぶたの下がった大人でもパンダ目になりません。

30

「減りゆくまつ毛」は育毛ケアでハリを出して増毛した風に

歳をとると、体に予想もしなかった変化が起こります。なかでも私が驚いたのは、**顔の毛がなくなる現象**でした。若い頃は顔中うぶ毛だらけで、週1回、フェイスシェーバーで剃らないと肌が薄黒くなるほどでした。なのに今は毛が生えてこない。ホルモンバランスの変化による現象であることは理解していて、週1の顔剃りがなくなりラッキーとも思っているのですが、同時にまつ毛も少なくなったのは困りました。多くのみなさんも同じ思いをされているのではないかと想像します。

まつ毛はホルモンの影響を受けないといわれていますが、細くなったり少なくなったりと、老化の影響を受けやすい部位。これ以上減るのをなんとか食い止めなければ。まつ毛ケアは大人が絶対やるべきケアの1つです。**まつ毛美容液で、まつ毛のハリとコシを出すと、1本1本のまつ毛に存在感が出て、まつ毛が増えたような見映えに**なります。朝と夜、スキンケアのルーティンにぜひ組み込んでください。

BI-SUアイラッシュエッセンス　2.5mℓ　7,260円／エムスタイルジャパン　マレーシア産天然アナツバメの巣のエキスなど43種類の成分が、まつ毛の生まれ変わりをサポート。これで抜け毛が減り、密度が高まった気がします。刷毛タイプでしっかり塗れるのも便利。

スカルプD アイラッシュセラム プレミアム　4mℓ　3,560円／アンファー　頭髪の育毛剤で有名なブランドのまつ毛美容液。毛髪補修成分やダメージケア成分を濃密に配合。使い続けるとまつ毛にハリとコシが出て、目元がぱっちり明るく好印象に。ケアが続けやすい手軽な価格も◎。

31

古い眉は捨てる。
大人の今は「ぼんやり眉」が正解

眉には流行があります。私たちは、太眉時代、細眉時代、ボサ眉時代、ナチュ眉時代など、さまざまな流行を経験してきました。では大人になった今、どんな眉を描けばいいでしょうか？　答えはやはり「流行の形や色に合わせていくこと」。古臭い顔にならず、若々しさを保つカギとなります。

しかし、**50代以上になると、眉の形をアップデートできなくなっている人が山のようにいます**。若い頃に覚えた眉メイクを、ずっと続けているのです。よく見るのはくっきり長めのエレガント眉。濃いめの眉頭、高めで角度のある眉山、えぐれたカーブ、長い眉尻。一時期は美人に見える眉ともてはやされたのですが、今見ると古臭いことこの上ありません。

今は眉を〝描く〟のではなく、自眉に毛を〝足して〟自然に仕上げるのが主流。くっきりというより、「ぼんやり」が正解です。眉尻は短め、眉山に角を作らない、塗りつぶさない、自眉より気持ち明るめ。これだけで、古臭い顔から脱却可能。表情もうんとやさしくなり、「可愛い人」になれます。

①アイエディション(ブロウコンシーラー)　コンシーラーベージュ 1,650円／エテュセ　濃い自眉をカバーし、明るい眉色に整える眉用コンシーラー。毛流れに逆らってつけ、毛の裏もカバー。

②カネボウ　アイブロウシェイドペンシル　EP1　4,400円／カネボウインターナショナルDiv.　パウダリーな仕上がりで、柔らか眉が簡単に。皮脂多めの肌でも描きやすい！

③カネボウ　スタイリングアイブロウフィクサー　EF3　3,300円／カネボウインターナショナルDiv.　眉の立ち上がりを作り、固定するアイテム。大人の眉毛にふわっと立体感を出してくれます。

OK

自眉の足りない箇所をぼんやり足すくらいが今どき。角がなく、明るいトーンでやさしい顔に。

NG

2000年代に主流になったくっきり長めのエレガント眉。"できる女"のイメージだけど古臭い。

1

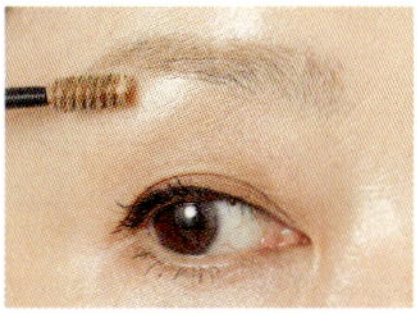

眉の黒さを抑えてトーンアップするため、①の眉コンシーラーを。毛流れと逆にもつけて。

2

②のブラウンのペンシルで、薄くなった眉を増毛するつもりで、1本1本描き足す。

3

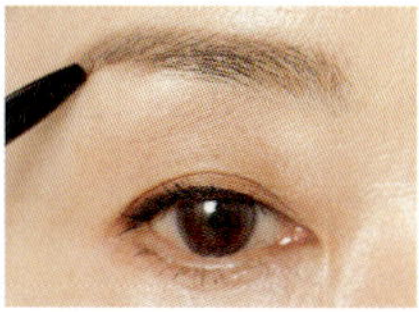

眉尻を足していく。眉山の角度やえぐれカーブをつけないよう、眉山部分の下を太くする。

4

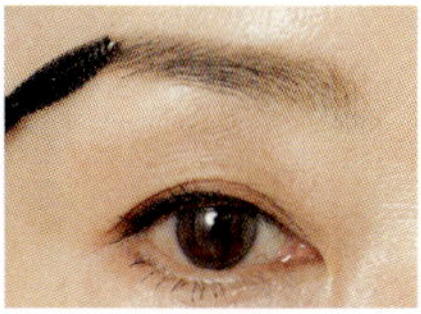

描いた眉を②のペンシルのうしろについているブラシでぼかし、なじませながら柔らかい印象にする。

5

③を眉尻から眉頭、眉頭から眉尻とブラシを往復させながら、眉の裏表をカラーリングする。

32

淡いピンクチークは5歳老ける

チークの売れ行きが減っていると耳にした時、これはゆゆしき事態だと思いました。マスク生活を経て出番がなくなった、つけるのが難しいから避ける……わからないではありません。けれど、**ノーチークの顔は、目から口の間が間延びし、顔が大きく見えます。大人の場合、フェイスラインのたるみまで強調されてしまいます**。血色感がないと、不機嫌な老け顔にも見えかねません。

メイクアイテムのなかで、チークほど若々しさや、ハッピーな印象を強調できるものはないのです。頬にポッと赤味があるだけで、顔が区切られて小顔に見えます。頬の高い、若々しい顔立ちになります。機嫌よく、明るい人にも見えます。チークの有無は、顔の形からその人自身の印象まで左右してしまう。使わないのは本当に損です。

色は赤みのある血色カラーが正解。いきいきとした「可愛い人」になれます。**青みピンクは若作りに見え、かえって老けた印象に。赤みのあるコーラルピンクを選んで**ください。

アフターグロー　リキッドブラッシュ 02803 4,840円／NARS JAPAN リキッドタイプのチーク。とれにくいのでマスクをする日にも。上気した頬のような、自然な血色とツヤ感のある今どき肌に。

パステルペタル　ブラッシュ 05 4,620円／ジルスチュアート　ビューティ　こちらはコーラルピンク。ふんわり細かな粉で粗をぼかせるので、今日顔色がさえないな、と思った日は迷わずこれ。

クリーム　ブラッシュ　855 3,850円／コスメデコルテ 855の赤みピンクをリピート中。肌の自然な血色に近い色で、落ち着きのある好印象な顔に。クリームベースでツヤも演出できます。

頬骨を中心にフワッと血色カラーを入れる。ツヤ感も出て、笑ったときのように頬が高く見え、「いつも機嫌のいい人」を演出できる。クリームやリキッドチークは指でトントンなじませます。

33

「粘膜カラー」のリップペンシルでぽってり若い唇を偽造する

老化を実感する出来事で印象的なことがもう1つ。それは**唇が小さくしぼんだ**ことです。

20代、30代の頃は唇が厚くて、当時流行りだった赤リップをつけると唇オバケになってしまう自分が嫌いでした。ですから、唇がしぼんでいることに気づいたときは驚愕しました。調べてみると、**唇のまわりの口輪筋の衰えが影響して、唇にしぼみが生じる**のだそうです。みなさんも、若い時と今の写真を見比べてください。内側にえぐれ、口角が下がっているはずです。

口を大きく開いて笑う人からはいつだって元気をもらえます。反して、唇のしぼみは貧相に見えます。「悲しい人」で終わらないよう、**唇を大きく描きましょう**。

使うのはリップペンシル。昔のペンシルは発色が強く、時間がたつと輪郭だけ残りましたが、今のものは格段に進化しています。唇になじむ色が多く、軟らかいから輪郭作りも自在。口紅を重ねると、唇がふっくらよみがえったように見えますよ。

リップベースライナー 01 2,750円／RMK Division　今の私の顔になくてはならないリップライナー。唇に同化する絶妙な粘膜カラーで、ふっくらリップラインを偽造できます。私はイエロー系の01を愛用。斜めカットの太め芯で、細部を描くのも塗りつぶすのも簡単。

OK

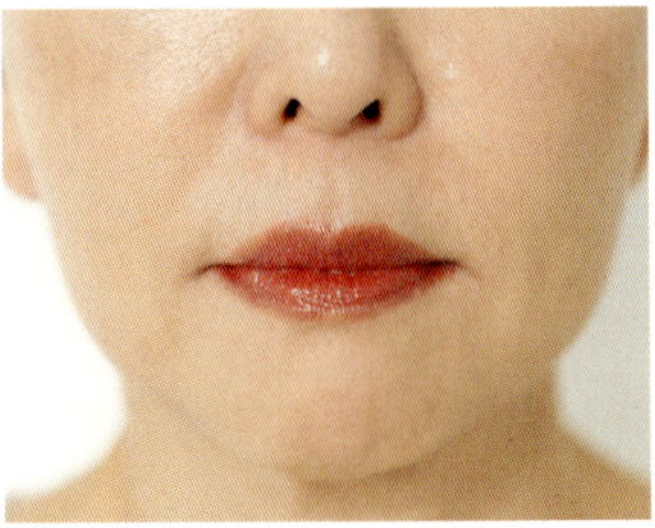

ペンシルで偽造したふっくら唇。上唇も下唇も外側に丸くふくらませ、唇の山もボリューミーに。口角も上がり、若々しく幸せそうに見える。

NG

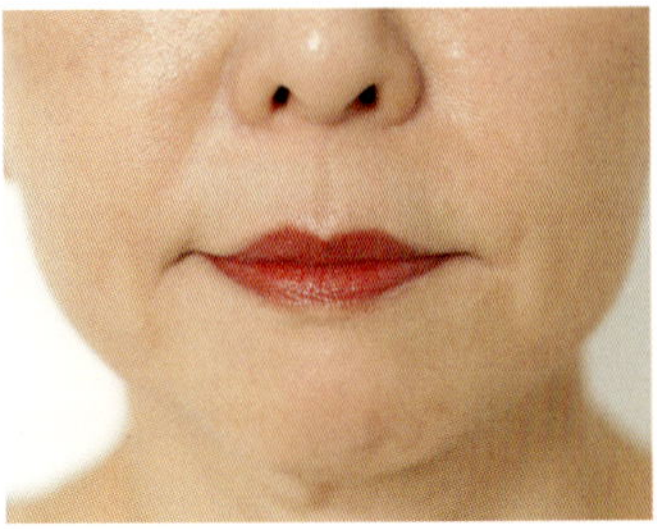

しぼんで小さくなった唇。唇が内側にえぐれ、山に角ができ、口角も削れて老けた印象に。

1

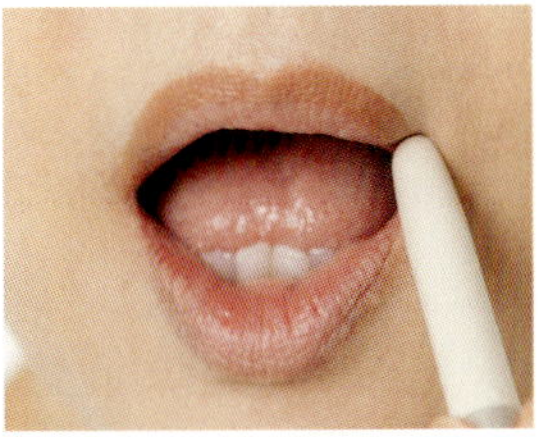

唇の色と同化するブラウン系のリップライナーで、上唇を丸くふくらます。思い切って大きくはみ出して。

2

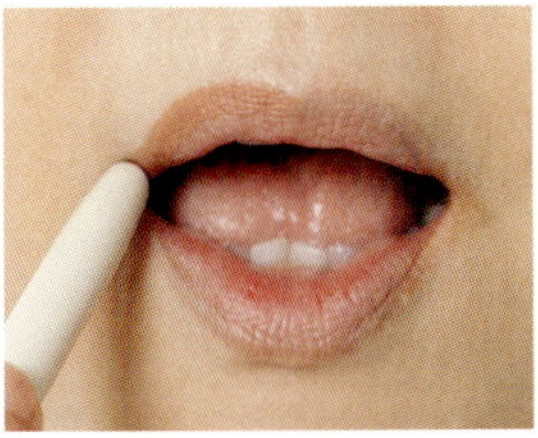

口角をはみ出しぎみになぞり、しっかり強調。口角の下がりが気にならなくなります。

3

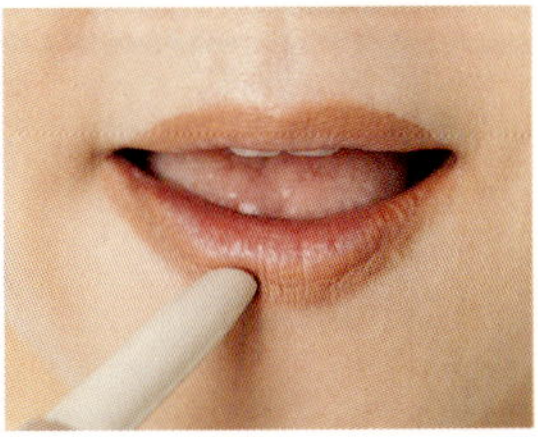

唇を内側に丸め、上下の唇の山をライナーではみ出しぎみになぞる。唇を戻すとふっくら見える。

4

リップライナーの上に好きな色の口紅を重ね、内側も塗る。きっちり塗るより輪郭がにじむくらいが今どき。

34

口紅は色だけでなく「ツヤと厚み」にこだわる

子どもの頃、母親の口紅をこっそりつけてうっとりした記憶は誰にもあるはずです。母親の口紅をつけるしぐさ、つけた後に急に美しくなる様子などを見て口紅の魅力を知り、いつか自分も口紅が似合う大人に、と夢を描いたことでしょう。

口紅は特別な存在です。唇に色を添えただけで顔に華やぎが出る、美の素というべきアイテム。全女性が、おばあちゃんになっても口紅でメイクを楽しめるよう願ってやみません。そのためには、自分の年齢に合った口紅を知るべきです。若い頃と同じものでは、くすんだり、顔から浮いたりしがち。

選びのポイントは「質感」です。**あふれるようなツヤが出て、唇がぷるんとふくらんで見える質感のもの、しぼんだ唇をカバーしてくれるものを選んで**。最近の口紅には、そうした質感のものが豊富。ぜひ新作を手にとってみてください。

色はお好きなもので大丈夫ですが、赤みがあり、ややくすんだ色だと肌になじみつつ華やかに見えます。

デューイーメルト リップカラー　06　4,180円（セット価格）／RMK Division　こちらも愛用の一本。唇に密着して、弾力を感じさせる質感に。06の赤みローズは大人の可愛さが出せる色。ほんのりくすんだ色で、浮きません。

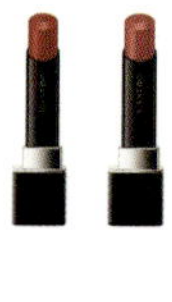

カネボウ　ルージュスターヴァイブラント ＜右から＞V04、V06　各4,620円／カネボウインターナショナルDiv.　全色欲しい！というくらい大好きなルージュ。厚みのある質感と、みずみずしいツヤで、これだけで10歳若返ります。

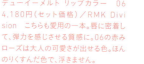

35

リップクリームは「チューブタイプ」を1日10回塗る

口紅が落ちて、色のない唇のまま過ごしていても、うるおいがあれば若々しく可愛く見えるもの。ダメなのは、色もなく、その上カピカピに乾いた唇。さらにダメなのは、乾燥が進んで皮がバキバキにめくれ上がった唇です。〝かまわない人〟という印象を与え、老け見え度も一気に高まります。

唇がしぼむ原因は口輪筋の衰えによるものとP72でお伝えしましたが、乾燥も唇の形が変形する一因です。大人の唇は一瞬でも乾燥させてはならないのです。

大人はチューブに入っている濃厚なセラムタイプ一択。豊かなうるおいで唇を覆って、ちょっとやそっとでは乾燥しなくなります。**1日10回以上は「追いづけ」して、唇に乾く隙を与えないようにしてください**。

私は24時間手元にリップクリームを置いています。以前、美容賢者の方々との会食で、テーブルにずらりとリップクリームが並んでいるのを見て、「さすが！」とうなずきました。それほど大人の唇は乾燥させてはならないのです。

米肌 活潤リップエッセンス 10g 1,320円／コーセープロビジョン　大人の唇のための、エイジングケアリップエッセンス。ヒアルロン酸やコラーゲンがうるおいとハリを与え、立体感のある唇に。

タカミリップ　7g 2,640円／タカミ　保湿、荒れ予防、エイジングケアが1本でできる高機能な唇用美容液。ベタつかず、ほどよい硬さで唇にするんと密着、リップメイク前にも使いやすい。

アルブラン　リップセラムバーム　7g　1,980円／花王　高密着で細かなシワにもなじむ美容液リップバーム。セラミドケア成分やビタミンEなど保湿成分配合で、顔印象まで明るく。

36

「自分に似合う色」はドラッグストアで片っ端から試して探す

「私に似合う色って何でしょう」と質問される方が多くいらっしゃいます。私の回答は**「実際つけてみないと合う合わないはわからない。とにかくたくさんつけてみてください」**。

肌の色、パーツの色、髪、服とのバランスなど、メイクカラーが似合う似合わないを決める要素は複雑です。肌の上では見本と発色が変わることも。ですから、実際にたくさんつけて選ぶのがいちばん早いのです。

私は大のドラッグストア好き。スーパーの帰りに立ち寄り、化粧品の新色を片っ端から試すのです。すると、自分に似合うと思っていたのと全く違う色や質感が意外と映える、という発見が多々あります。百貨店でBAさんにメイクしてもらいながら選ぶのも楽しいですが、ドラッグストアなら気軽に試せて、買わずに帰るのも心苦しくありません。

今のプチプラコスメは、どれも品質がよく、流行をいち早く取り入れています。まずはドラッグストアでとっかえひっかえして「似合う色」を見つけてみてください。

37

「メイクは季節ごとに新色をチェックする」という人がどんどん若くなれる

口紅を何本持っていますか？　それはいつ購入したものですか？　何年も前に購入したものを2〜3本、という方が多いのでは。「減らないし、気に入っているからこれでいい」という方、それが老け見えの原因になっているかもしれません。

アイシャドウとリップは、春と秋の年に2回、各メーカーから新色が発表されます。新色は最新のトレンドが反映されたもの。チェックだけでもすると、色の美しさや質感に魅せられて、美容の意識が高まります。実際使ってみると、自分の新たな魅力の発見にもつながります。

大人が流行を追わなくてもいいんじゃない？と思うかもしれませんが、**大人の顔にこそ新色は必要。昔のアイシャドウや口紅は、色味や質感がどうしても古いのです。老けた顔に古い色をのせれば、老け見えは避けられません。**

私は春と秋に、ポーチのアイシャドウや口紅を入れ替えます。**メイクアイテムは旬もの、使い切らなくていい。**季節ごとに新色を取り入れ、顔をアップデートしていきましょう。

Chapter 03

「髪の清潔感」を作るヘアケア

大人の髪は、なにより清潔感が重要。
白髪、薄毛、髪質変化などが顕著になる年頃、
手をかけないとボサついて一気に老けて見えます。
日々、頭皮と髪の両軸ケアを心がけ、
ツヤとまとまりのある髪を維持していきましょう。

38

白髪でも薄毛でも「ツヤ」があれば、きれいは維持できる

美容における私の黒歴史といえば、髪。生まれつきのくせ毛で、強烈なコンプレックスを抱いていました。20代でストレートパーマと出合った時は、救世主に思えたほど。以来、新しい施術の情報を得るとすぐサロンを替えました。異なる薬剤の施術を重ねることが、どれだけ髪に悪いか想像もせずに。

その結果、毛先はすべて枝毛になり、軽く引っぱっただけで切れるほどもろい状態に。トリートメントをしたり、短くカットしたりとその場しのぎの対処をしながら、それでもストレートパーマはやめない。そんなことを30年続けました。55歳を過ぎた頃、ダメージは最高潮に。ゴワゴワになった髪は風になびかず、固まったまま。そこから1年間はストパー禁止。髪を回復させることだけに注力しました。

いちばんつらかったのは、ツヤがまったく失せていたこと。**髪に光が当たってキラリとツヤをたたえると、そのツヤが肌に反射して、顔の色はトーンアップします**。でも髪ツヤの反射がなくなると肌の輝きも消滅し、美肌感は失われま

す。ツヤがないと手入れ不足に見え、清潔感もダウン。

私はこの苦い経験から、髪ツヤこそがきれいの要だと思うようになりました。白髪が増えようと、薄毛になろうと、髪ツヤがあれば、大人がなくしがちな清潔感も保持できます。

そのためにも日々、髪を傷めないことを前提にケアを続けることが大事です。

43歳頃。ストレートパーマと明るいカラーリングでツヤなしだった時期。毛先の傷みも目立ちます。

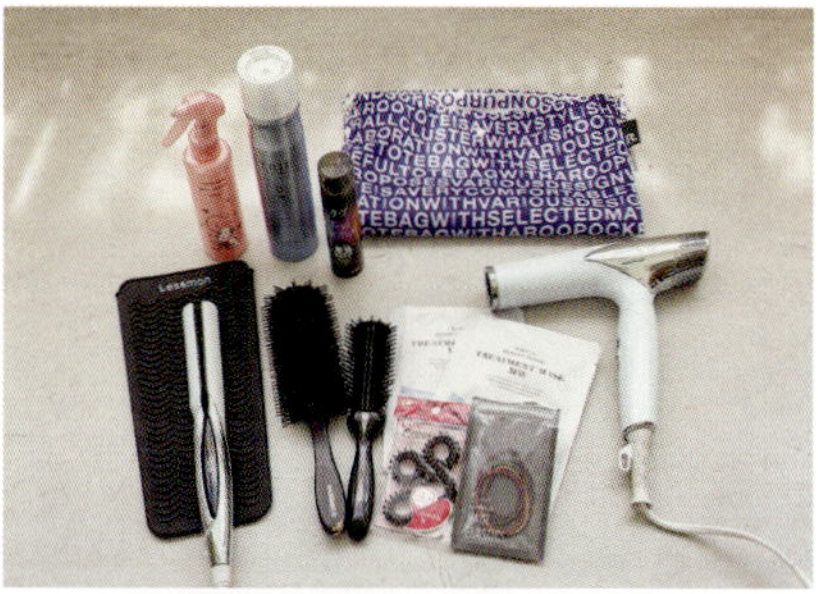

YouTube撮影時のヘアケアセット。ドライヤーとストレートアイロンはスリムなリファのものを。ストレートアイロンはプレートに工夫があって髪が傷みにくくお気に入り。オルビスのミストをかけ、ツヤ出しのためにマペペのブラシでブロー。トリエのツヤ出しスプレーをスタイリングの最後にひとふき。ケープで前髪の流れをキープ。大判のフェイスマスクもヘアセットの中にまとめて。旅行にもこのセットを持っていきます。重くてもどれ1つとして欠かせません。

39

髪は「上向き洗い」でたるみ防止と時短の一石二鳥

髪を洗うときの姿勢が、顔のたるみの一因だと私は思っています。

日本人の私たちは、髪を洗うときずっと下を向いています。湯船からお湯をくんで、髪や体にかけていた私の親世代以前の習慣が、シャワーを多用するようになっても受け継がれているのですね。これを毎日、半世紀以上続けると、顔もたるんでくるはずです。

それに気づいた3年ほど前から、私はシャワーを上を向いて浴びることにしました。ポイントは**フックにかけたシャワーを後ろ向きに浴びる**こと。両手で頭皮を引き上げるように洗い、流すことになるので、それがリフトアップトレーニングになるのです。頭頂部に当たったシャワーが頭皮に沿って泡を洗い流してくれて時短も叶います。

私はこれを「上向き洗い」と命名しました。勝手に。

下向き洗髪は、今日からすっぱりやめ、「上向き洗い」に変えてください。洗髪時間がリフトアップ時間に変わります。

S・HEART・S　スカルプブラシ　プリュス（ショート）　6,600円／サントレッグ　某ヘアサロンでシャンプーしてもらった時に使われていたブラシ。あまりの心地よさに即購入。先が玉になった2段植毛で、毛穴をクレンジング。トリートメントをのばし広げるときにも使えます。

リファファインバブル U　シルバー　30,000円／MTG　シャワーヘッドはこちらを愛用。ファインバブルが毛穴やキメの汚れを落としてくれるので、浴びるだけで髪、地肌、顔や体の肌をケア可能。強い水流に切り替え、ヘッドマッサージとして浴びると、頭皮の血行促進にも。

シャンプー時間に若返る「上向き洗い」

1分半シャワーで予洗いする

私はまず打たせ湯のようにぼーっと頭頂からシャワーを浴びます。昔は2度洗いが推奨されていましたが、シャワーを1分半以上髪にあてるだけで、汚れが落ち、お湯が髪になじんで、シャンプーの泡立ちがよくなります。

シャンプーは頭皮の上でではなく手で泡立てる

頭皮につけて泡立てるのはNG。1カ所にシャンプー剤がたまり、洗い流しが不足するとかゆみの原因にも。いったん手のひらでゆるく泡立ててから、頭皮につけて全体に行き渡らせます。

シャワーヘッドはフックにかけて使う

フックにかけたシャワーに背を向け、顔を上向きにして浴びます。両手もフリーになるので、下から上へと引き上げながら髪を洗え、リフトアップトレーニング＆時短の一挙両得に。

トリートメントはコームでなじませる

トリートメントやコンディショナーは全体になじませることが大事。手のひらにのばした後、髪全体に行き渡らせ、その後コームでとかすと、ムラなく浸透します。

40

「シャンプーは二刀流」が美しい大人髪を育てる

以前、大人向け美容誌の編集長をしていた時、50代の読者の方にシャンプーについて尋ねたら、ご主人やお子さんと同じものを使っていますと回答されていました。バスルームが狭く、いくつもシャンプーを置けないというのが理由でしたが、ご自分専用のシャンプーを使うと髪はもっときれいになりますよ、とお伝えしたくなりました（ご家族と同じシャンプーでも美しくいられるその方の髪質が、とてもうらやましくもありますが）。

髪質は年齢とともに変化していきます。細く傷みやすくなり、乾燥も進みます。そのためカラーのもちも悪くなります。ストレートヘアだったのに、急にうねりが出てきたという悩みもよく聞きます。抜け毛も気になってきます。

女性ホルモン量の低下、頭皮の毛穴の変形、毛髪自体の変化など、いろいろ理由が考えられます。傷んだ髪、うねった髪は光の反射率が低いので、大人の髪の命であるツヤ感が期待できなくなります。

白髪染めも傷みの原因。白髪染めはおしゃれ染めと比べ、頭皮や髪への刺激が強く、仕上がりにツヤもありません。

コアミー エラプシーク ＜左＞シャンプー CS 250mℓ 4,180円 ＜右＞ヘアマスク CS 235g 4,620円／アリミノ（共にサロン専売品）
くせ毛やうねりを髪の内部構造から整えてくれるシャンプーとマスク。大人特有のキューティクルの隙間も埋めてくれます。細い髪質用のタイプを愛用。

大人の髪はいつだってダメージと隣り合わせ。シャンプーはやさしい処方のものを選んで、洗いながらケアしなければならないのです。洗浄力が必要な男性や子どもと共通のものではなく、ご自身のためのものを選んで、髪をいたわってあげてください。

P80でも書かせていただきましたが、私の髪は非常に問題の多い髪なので、**シャンプーは3種を用意しています**。カラーリングして10日間ほどは、褪色を防ぐシャンプー、そのほかの期間は、乾燥をケアしてうるおいを与えるシャンプーか、くせを抑えて髪の扱いを楽にするシャンプー。くせのない方でも、**カラーリング直後に使うシャンプーと、保湿効果の高いシャンプーの2種は必要**だと思います。二刀流でいけば、いつまでもツヤのある美しい髪でいられます。

シャンプーも、何が合うかは人それぞれ。いろいろ試してベストなものを探すしかありません。髪は見える面積が広い分、その人の印象を大きく左右します。大人になるほど、手間とお金をかけるべき箇所なのです。

カラーリテイニング　<右>シャンプー200㎖　2,860円　<左>トリートメント 200g　3,740円／ミルボン（共にサロン専売品）　カラーリングした直後10日間ほどは、カラーのもちを高めるこのシリーズを使用。白髪が目立たない時期が長くなるから、大人におすすめです。

エステシモ セルサート ミラインコア スパマスク　170g　5,500円／タカラベルモント（サロン専売品）　髪の芯にあるメデュラをケアするマスク。クセやうねりを内部から抑え、表面もしっかり補修。とてもしっとりするので、週1回の集中ケアに。傷みが気になるときも頼れます。

41

ツヤ髪のために「髪専用のタオル」を使ってドライヤーの使用時間を減らす

私は髪が細く傷みやすいうえに、くせ毛でストレートパーマは必須。もちろん白髪のカラーリングも欠かせません。サロンで傷みにくい処方のトリートメントなどを受けつつ、ホームケアで傷みが進行しないよう細心の注意を払っています。

髪は熱に弱いので、ドライヤー、ストレートアイロンを使う時間が最短になるよう工夫しています。**洗った後はバスルームで水泳用のタオルを使って髪の水分を吸収します。さらにアウトバスでマイクロファイバー製の速乾タオルで湿気をしっかりとります。**

この2段階のタオルドライで、ドライヤーの使用時間がぐっと短くなりました。

ハホニコのヘアドライ用速乾タオルは、シャンプー後は必ず使うので、色違いでそろえて毎日洗っています。洗い過ぎて色があせていますが、速乾性は高いままです。

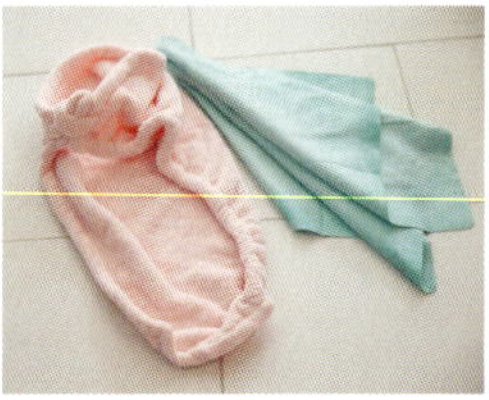

右は水泳用のドライタオル。バスルームの中で使います。左はタオルターバン。お風呂上がりのスキンケア中に巻いておくと時短でドライできます。

ヘアドライマイクロファイバータオル 1,100円／ハホニコ ハッピーライフ　極細のマイクロファイバーが洗った髪の水分をぐんぐん吸収。ふんわり厚みがあって肌触りもとてもいい。昔の一般的なヘアドライタオルはあまり水分を吸いませんでしたが、こちらはあっという間に吸収。

42
髪にツヤを出すために大人はドライヤーに投資を

昔、ストレートヘアが美しい女優さんのインタビュー記事に、「髪を洗っても、子どもの世話で走り回っているうちに乾いちゃうから、ドライヤーなんて使わない」という言葉があって、とてもうらやましかったのを覚えています。私は時間をかけてブローしないと、くせがおさまらない髪質ですから。

しかし、**髪のためには濡れた状態で放置せず、すぐにドライヤーを使うのが正解**です。髪は濡れると髪内部の構造に変化が生じ、傷みやすい状態に。そのまま自然乾燥すると、内部の水分が蒸散しオーバードライを引き起こし、パサつきやゴワつきの原因になります。あの女優さんも、子育て期間後も洗いっぱなしを続けていたら、美髪は失われているはずです。

できれば、**髪を乾かしながらオーバードライを防ぐ、高機能なドライヤーがおすすめ**。値は張りますが、髪質が劇的に変わり、感動すら覚えるほど。家で毎日ツヤ髪に整えられるなら、十分元がとれるでしょう。家電メーカーのドライヤー研究は進化が目覚ましいので、ぜひチェックしてみてください。

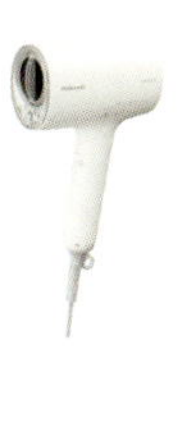

ヘアードライヤー ナノケア　EH-NA0J
オープン価格／パナソニック　家ではこのドライヤーを愛用。高浸透ナノイーが髪の水分量を高め、ツヤを出し、ヘアカラーの褪色予防やUVケアまでできるという超高機能。大風量でさっと乾くのも大人の髪にはうれしい。

43

大人の髪型は たるみをキュッと引き上げる 「レイヤー入りひし形」が一強

私はヘアスタイルをなかなか変えられません。今の**「レイヤー入りひし形」が、大人にいちばん似合う**と感じるから。なぜ「ひし型」かというと、耳横にボリュームを出すと、対比で頭が小さく、あごがしゅっと細い小顔に見えるからです。**フェイスラインも引き上がり、たるみもカバー**。

カジュアルでありつつ上品、清潔感もただよう。大人に必要な要素を備えた髪型なのです。

私はさらにカットに工夫をしてもらい、**サイドに高めレイヤーを細かく入れて、ふわっと動きを出しています**。ストレートアイロンで軽くカールをつけて、前髪をブローし、ボリュームとツヤを出せば、若い頃と変わらない「可愛い」髪が完成。レイヤーを入れておくと、ジムなどでまとめ髪にしたときも、貧相なぺたんこひっつめにならず、ほどよいボリューム感が簡単に出せます。

いっそアニメのキャラになったつもりで、このまま同じヘアスタイルで生きていくのもありかなと思っています。

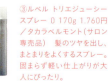

①サブリミック ワンダーシールド 125mℓ 4,180円／資生堂プロフェッショナル（サロン専売品） 熱と反応し、保護膜を作る洗い流さないトリートメント。3日に1回使用する商品ですが、毎日愛用。

②リファストレートアイロン プロ ホワイト 23,000円／MTG 独自のプレートで、ダメージを抑えながらうねりを整え、うるおいをキープするストレートアイロン。扱いやすさも気に入っています。

③ルベル トリエジューシースプレー 0 170g 1,760円／タカラベルモント（サロン専売品） 髪のツヤを出し、まとまりをよくするスプレー。固まらず軽い仕上がりが大人にぴったり。

1

「レイヤー入りひし形」は、セットでふんわり丸いラインを出すのが大事。ブロッキングして少量ずつセットするとうまくいく。

2

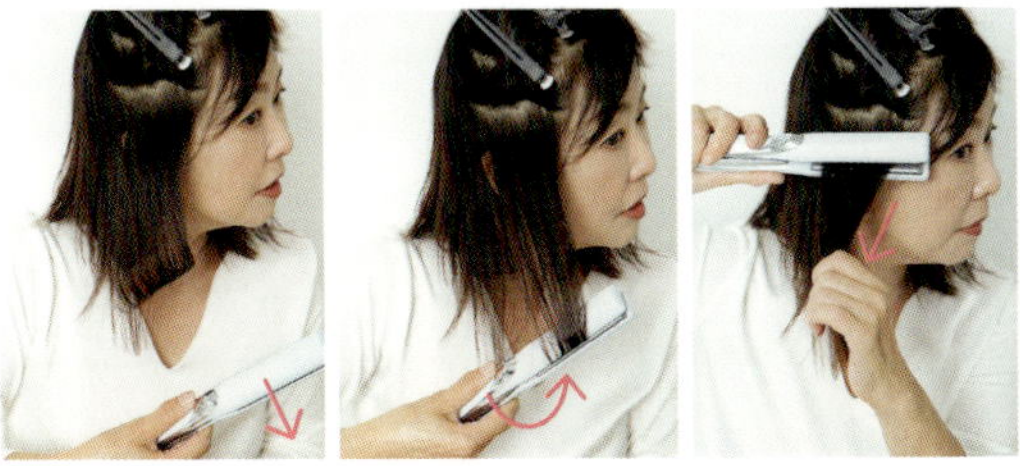

①のトリートメントをなじませ、②のアイロンを根元から毛先まで滑らせ、ツヤを出しながら軽く内側にカールさせる。

3

前髪はぺたんこになりがちなので、ブローブラシで根元を立たせながら、ふわっと丸みをつける。

4

白髪が目立つ分け目は、④のダークブラウンのパウダーをポンポンはたき白髪と頭皮をカバー。⑤のパレットを使うことも。

5

仕上げに③のツヤ出しスプレーを髪全体にふきかける。ツヤ感が2倍アップ。内側にもたっぷり。

⑤プリオール ヘア ファンデーション ダークブラウン 3.6g 1,650円／プリオール
伸びた白髪をさっとカバーできる白髪用のファンデ。平たいブラシでしっかりつけられるのが◎。

④ヘアプラス ビューファンデ パウダー ダークブラウン 8g 4,730円／アデランス
ポンポンとのせるだけで、分け目や生え際の白髪をカバーできるパウダー。白髪はカバーして清潔感キープ。

44

前髪は顔の表情の一部。うねったら人相まで変わるから「ミニアイロン」を常備

女性の一生は前髪との闘いと言っても過言ではありません。前髪が決まっている日は朝からご機嫌だし、前髪が崩れていると夜まで不機嫌になります。**前髪は顔の一部。美を大きく左右するパーツ**なのです。

くせ毛の私にとって、雨の日は地獄です。湿気を吸って髪が乱れていると、常に小汗をかいて焦っているようで、大人としていただけない。私はそんな状態になると、何もかも放り出して帰ってしまいたくなるので、そんな自分を押しとどめるためにも**ストレートミニアイロンを持ち歩き、外出先のトイレで前髪をセットし直します**。うねりを伸ばすだけでなく、トップがぺたんこになったときも即時に復活できるので、携帯することをおすすめします。

今愛用しているストレートミニアイロン、発売になったときは狂喜乱舞しました。コードレスでプレートも細いのに、パワーは十分。外出先でバッテリー切れを起こさないよう、帰宅するとスマホより先に充電しています。

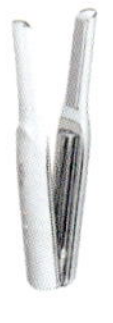

リファフィンガーアイロン ST　ホワイト　14,500円／MTG　どこへ行くにも必ずポーチに入れているミニストレートアイロン。極細で髪をとらえやすい工夫もあり、出先でも前髪のうねりを瞬時に整えてくれます。トップのボリューム出しや毛先のニュアンスづけも簡単。

45 髪の黒歴史を塗り替えた地方のサロン施術。「あきらめない心」が勝利した瞬間

P80で髪の黒歴史を紹介しましたが、一時は本当にボロボロで、会う人会う人に「髪どうしたの?」と聞かれるほど。あらゆるケア法を調べていた時に見つけたのが、静岡のヘアサロンの広告でした。「髪質改善」と大きな4文字。施術の内容は書かれていません。普通ならスルーするところですが、「髪質改善」の文字に引かれ、わらにもすがる思いでサロンに電話しました。それがミネコラトリートメントとの出合いです。**ミネコラトリートメントとは、水素と炭酸を髪に塗布し、サロンケアとホームケアの両方を行うことで髪質改善が叶う、サロンが独自開発したシステム。**1回の施術で驚くほどの効果を実感、サロンオーナーの研究への熱意にも心動かされ、治療に行くような気持ちで静岡に1年ほど通ううち、私の髪の黒歴史が塗り替えられていきました。

美髪への執念が最良のケアに導いてくれたと今でも思います。ミネコラと出合わなければまだ絶望の淵にいて、人生変わっていたかも。髪に悩んでいる方はぜひサロンへ。

ミネコラサロンAVE
静岡県静岡市葵区昭和町3-1　静岡昭和町ビル803号室　☎080-3363-3300　私の髪の黒歴史を終わらせてくれたサロン。

<右から>ミネコラ　リダクションフォーム200g 13,200円、同　アクティブスパフォーム200g　3,850円、同　リッチトリートメント200g　4,400円／アヴィナス（サロン専売品）ミネコラトリートメントのホームケアアイテム。サロンでミネコラトリートメントをした後、ツヤキープのため数日間使用。

46

美髪追求のため
ヘアサロンは「浮気」してみる。
本命になる可能性も大

みなさんはいくつのヘアサロンに通われていますか？　私の周囲の美容関係者の多くは、施術によってサロンを分けています。1つのサロンでいっぺんにやってしまいたいと思うのが普通ですよね。でも美へのこだわりが強い人たちは、**カットはこのスタイリストのセンス、カラーはこのサロンが仕入れている薬剤、パーマはこのサロンが開発したシステムなど、各サロンのいいとこどりをする**のです。

私の通っているサロンは2つ。カットとカラーとミネコラトリートメントを受けるサロン。カットとカラーが気にいっているサロンに、静岡からミネコラを導入してもらいました。くせ毛の縮毛矯正は、傷まない施術が有名な別のサロン。この2本柱で髪の健康を維持しています。

これまでたくさんのサロンに通いましたが、〝自分に合うサロン〟と出合うための過程だったと思えます。特にカラー剤はサロンによって扱うメーカーが違うので、いつもと違うサロンに出かけたら、今より合う薬剤と出合えるかもしれません。

エス ヘア サロン

東京都港区南青山5-4-3　南青山イズミビル2F　☎03-6419-3567　カット、カラーとミネコラトリートメントはこちらで。私の提案でミネコラを導入してくださっている頼れるサロン。私の若見えレイヤーカットを考案してくれました。

47

うねった髪に「ツヤ」は生まれない。若さのために縮毛矯正を

ツヤとは、面に光が反射して生まれるもの。髪も、まっすぐで面が整っていたほうが、光が一定方向に反射して、ツヤ感が強くなります。逆にうねった髪は光が乱反射して分散され、ツヤが弱くなってしまいます。ツヤ髪を作るためにもうねりを抑制するのはとても大切なこと。

ブローやアイロンで伸ばせる程度のうねりならよいのですが、私のように**強いくせ毛の場合は、縮毛矯正でストレートにしてしまったほうが楽**。高温のストレートアイロンを長く当てるよりも、縮毛矯正することで毎日のセットを軽く短時間ですませるほうが、髪への負担が少なくなります。

昔は縮毛矯正は髪が傷むものでした。しかし**今は薬剤が進化し、傷みにくい施術が増えました**。私が4カ月に一度通っているサロンも、オーナーが独自開発した髪にやさしい薬剤を使っていて、傷み知らず。ストレート具合も自然で、昔のように伸びたところが浮くということもありません。

縮毛矯正におびえる時代は終わったのです。

ローラント

東京都新宿区新宿1-30-11 ビル・プランタン1F ☎03-6380-6989 縮毛矯正はこちらで。1人1人のくせや髪質に合わせ、薬剤をカスタムしてくれるのが安心。自毛がストレートのような自然な仕上がりで、ツヤもしっかり出るのがありがたいです。

48

「一生ハゲない」ために 50歳を過ぎたら 頭皮ケアを習慣化する

髪の若々しさを保つためには、女性も頭皮ケアは必須。衰えが目立ってきてからでは間に合いません。今から毎日ケアを。

まず、頭皮のクレンジングを。顔をクレンジングするのと同様、**毛穴に詰まった皮脂や汚れ、スタイリング剤をすっきり落とし、健やかな髪が育つ頭皮環境に**整えます。

そして、**朝晩、頭皮用の美容液を**必ずつけてください。抜け毛を予防し、育毛を促進するほか、うねりを抑え、1本1本の髪を元気にする効果も。ヘッドマッサージで頭皮の血行を促進し、美容液の成分を頭皮に行き渡らせればベスト。

頭皮は顔の皮膚とつながっていますから、頭皮が健やかになれば、顔もキュッと引き上がります。

ときどき、男性パートナーが使っている育毛剤を共有しても大丈夫ですかという質問を受けますが、**男性用育毛剤は男性ホルモンに作用する処方のものが多く、女性は使えません**。左ページに紹介した頭皮美容液は女性でも男性でも使えます。ぜひパートナーとも共有してください。

大人に必要な頭皮ケア

頭皮クレンジング

毎日のシャンプーでは落ちきらない頭皮の汚れ。放置していると、毛穴が詰まって髪の健康を妨げます。週1回は頭皮クレンジングで汚れをオフ。頭皮美容液の効果も高まります。

スカルプクレンジング ディープ&ライト 100mℓ 1,650円/uka Tokyo head office 天然由来原料96%の頭皮クレンジング。週1～2回、余分な皮脂をオフ。

頭皮美容液・ローション

顔のスキンケアと同じ感覚で、頭皮美容液によるケアも朝晩行いましょう。抜け毛などがまだ気になっていないという方も、美しい髪を維持するためにぜひ今から使ってください。

ヘア リチュアル フォーティファイング セラム フォー ザ スカルプ 60mℓ 30,800円/シスレージャパン ミネラルなどを高濃度に配合した頭皮用美容液。

薬用 メディカル アンチヘアロスセラム[医薬部外品] 50mℓ 5,720円/ロクシタン ジャポン 毛母細胞を活性化するセンブリエキスなどが健やかな髪を育てる。

BI-SUスカルプローション 120mℓ 19,800円/エムスタイルジャパン 天然のアナツバメの巣のエキスが頭皮の健康をサポート。美髪のベースを作るローション。

インヴァティ ウルトラ アドバンス スカルプ セラム 150mℓ 9,680円/アヴェダ 植物由来成分が頭皮ストレスを抑えてヘアサイクルを整え、密度ある髪に。

49

頭皮と毛髪のツヤのため「白髪染めはやめる」選択を

白髪染めをやめて約10年になります。

実は白髪染めはデメリットがたくさん。白髪染めには染色成分のジアミンが多く配合されていますが、このジアミンが問題なのです。頭皮や髪を傷めやすく、アレルギーを引き起こすことも。仕上がりはツヤがなく、白髪は隠せても若々しさが失せてしまいがち。

今私が取り入れているのが、**おしゃれ染めで白髪をカバーする方法。「白髪ぼかし」とも呼ばれます。**おしゃれ染めはジアミン量が白髪染めより少ないため、頭皮への負担が減らせ、ツヤも出やすくなります。最近は白髪がよく染まる薬剤も出ているので、サロンに聞いてみるといいでしょう。

サロンでおしゃれ染めをした後、白髪が出てきたらカラートリートメントでケアしています。普通のトリートメントと同じ感覚でお風呂で手軽に使えます。1回では染まりにくいですが、**つけて30分ほど放置する、という方法を3日間続けるときれいに染まります。**

ルプルプ　オリジナル カラートリートメント ダークブラウン 200g　3,300円／スタージュ　伸びてきた白髪は、ジアミンフリーのカラートリートメントで自宅ケア。髪や頭皮をいたわる成分たっぷりで、染まりがいいのでずっと愛用しています。

COLUMN

人生、今までもこれからもくせ毛との闘い
私の髪型遍歴

生まれた時から天然パーマ。外国人のようにくるくるヘアで可愛いと、周りからちやほやされていました。

20代前半。雑誌『JJ』のライターをやっていた頃。憧れのサーファーカットは、私の髪質に合っていました。

生まれた時から天然パーマ。友達はみんな前髪が切りそろえられたおかっぱヘアなのに、私の髪は結んでもチリチリ。なんで私だけ違うの？という疑問を抱えながら、私の髪型遍歴は始まります。

7歳の七五三が終わってから20代までは、ショート、ショートボブ、最長でも肩ボブの3スタイルの循環でした。伸ばすと横へ広がっていくので、肩ボブが限度でした。

20代前半、憧れの髪型に出合います。サーファーカット。雑誌『JJ』のライターを始めたこともあって、頑張って伸ばしトライしました。

直後にストレートパーマにも出

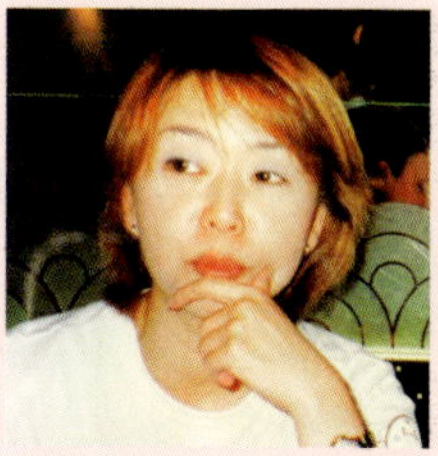

40代前半。強力な縮毛矯正を繰り返し、カラーリングもしていたので、髪の傷みがひどくなっていった頃。

30代前半。今井美樹さん風のソバージュヘアに。ヘアフォームを大量につけて、広がらないようにセット。

28歳の頃。雑誌『CanCam』で美容ページを担当。強力なストパーをかけて、浅野温子さんを気取ってました。

合います。この施術が私の黒歴史の始まりになることはP80に記しました。その後、今井美樹さんのソバージュヘアの流行でストレートパーマはいったんやめますが、ソバージュブームの終焉とともに髪をまっすぐに戻し、またストレートヘアで過ごすことになります。

途中、髪が傷みすぎてケミカルな施術ができない時期があったものの、いいトリートメントや施術に出合ったことで、くせを抑えた髪をキープできています。

ここ数年はセミロング。たるみ肌を目立たせないカット（P88参照）で、若見えの工夫をしています。

Chapter 04

50代から右肩上がりの「可愛さ」を作る美容習慣

美容業界歴40年。
取材で得た知識と、自分で調べた知識をもとに、
「きれいになれること」を生活に取り入れてきました。
運動や入浴や睡眠など、続けてきたから今があると
自負する、私の美容習慣をご紹介します。

50

「歯間ブラシ3本」と「Y字フロス」で大人の歯を守る

小学生の頃、学校の月曜日の朝礼で〝歯磨き体操〟が行われていました。子どもたちに正しい歯磨き方法を覚えさせる衛生教育の一貫だったと思います。その時の教えは、「歯ブラシは左右に動かすのではなく、上下に動かす」でした。

教わった磨き方をずっと続けていたら、50歳を過ぎてから、歯科医に磨き方が悪いと注意を受けました。歯ではなく歯と歯茎の境目に歯ブラシを当て、左右に小刻みに動かすのが正解。歯間ブラシやフロスも使わなければ歯垢は落ちない。その磨き方では、歯槽膿漏になり、60歳過ぎると歯が抜ける、実際抜けた人がいっぱいいる、とずいぶん脅されました。

以来、**太さの違う歯間ブラシ3本とY字フロスで、歯科医の教えどおり、歯の隙間や歯茎の境目の汚れと格闘しています。最近では新タイプの歯ブラシも導入**しています。

私たちが子どもの頃とは歯磨きの常識が変わったのです。いつまでも白い歯を見せて笑い、自分の歯でおいしいものを食べたいもの。みなさんも歯間ブラシとY字フロスのご用意を。

歯間ブラシは歯の隙間の幅に合わせて3種類を使い分け。Y字フロスは、歯に沿わせて歯茎の中まで入れ込んで歯垢をかき出すのに効果的と、歯科衛生士さんに徹底指導されました。

奇跡の歯ブラシ 620円／あるほっぷ　中央が山型になった歯ブラシ。歯間や歯と歯茎の隙間に入りやすく、歯垢をきれいに除去できてリピート中。ブラシが開いたら、すぐに新しいものと交換。

51

芸能人じゃなくても歯は命。「美白歯磨き粉」で清潔感をキープ

もともと白いはずのパーツが黄ばんだり茶色くなったりする、という現象は、自覚しにくいですが、老けて見える大きな要因。要注意なのが頭皮、白目、そして歯。変色の原因は疾患の場合もありますが、ケア不足からくるものも多く、頭皮は頭皮ケア、目は乾燥ケア、歯はクリーニングなど、日頃からお手入れを習慣にすべきなのです。

特に歯の黄ばみ対策は重要です。私はときどき歯科医で歯のクリーニングを行っていますが、ホワイトニングの施術もお願いするときがあります。歯に透明感が出て、驚くほどきれいになります。ただ、ホワイトニングは保険適用されていないので歯科医により値段がまちまち。気軽に受けられる施術ではありません。

そこで**私が使用しているのがホワイトニング歯磨き粉。アパタイトという成分がツヤのある明るい歯に**してくれます。

歯の黄ばみは不潔感のもと。「可愛い」大人からほど遠い印象になるので、日頃からホワイトニングを心がけましょう。

ジェルコートF　90g　1,100円／ウエルテック　虫歯予防としてこちらも愛用。高い殺菌力とフッ素コートで虫歯、歯周病、口臭を防ぎます。歯のコート剤としても使用可能。発泡剤・研磨剤無配合で磨きやすい。

アパガードプレミオ［医薬部外品］105g 1,683円／サンギ　平成初期、「芸能人は歯が命」というCMが強烈だった美白歯磨き粉。すぐれた研究に基づいた商品で、歯本来の白さへ導く歯磨き粉は、今でもこれがいちばん。

52 手と爪のクリーム&オイルは常にテーブルに置き年齢バレ対策を

「年齢は首と手に表れる」といわれるように、いくら顔を若く見せても、首と手がシワシワだと年齢がバレてしまいます。P37でも書いたように、私も首に関してはもっと早いうちからお手入れをしておくべきだったと後悔しています。

手も首と同様、ケアの有無がすぐにバレるパーツ。ハンドクリームを塗らずに乾燥させたままで過ごしていると、手肌がシワくちゃになり、爪まわりのささくれも目立ちます。**手と爪の荒れは生活の乱れを感じさせるので、ハンドクリームやネイルオイルは常にテーブルに**出しておきましょう。

20代の頃、昔の強い台所洗剤で手が荒れ、皮膚科に通っていた時期があります。その時の医師からのアドバイスは、乾燥を助長するからお湯で手を洗わない、**手を洗ったら湿り気が残っている状態でたっぷりのハンドクリームを塗り込み、マッサージをしながら浸透させる**という2点でした。

手荒れが治ってから今に至るまで、そのアドバイスを守り、手指と爪はいつでもうるおいが保てるようにしています。

ネイルオイル　7:15　5mℓ　3,630円／uka Tokyo head office　ハンドクリームとは別に、ささくれ予防の爪用オイルも愛用。コロコロ塗れるタイプで、ヒノキやユズの香りに癒やされます。

プロ・業務用ハンドクリーム　無香料　60g　1,320円／ヤーマン　ハンドケアの基本はこれ。皮脂に近い保湿成分を配合し、しっかり保湿しながらもベタつかず、仕事中にも重宝します。

NARS

53

「スクラブ」と「UVハンドクリーム」で一生、手はくすませない

手はよく働くなあと思います。仕事、家事、子育てと、常にせわしなく働いています。おしゃべりの最中も手はよく動きます。人に話をするとき、手は顔まわりでしぐさを作って、話を豊かに彩ってくれます。話している最中に相手の手が目に入って、その手がきれいだと大きな感動を覚えます。忙しいなかでも手入れを怠らないという証だから。手の美しさは、その人の印象を最大限に上げてくれるのです。

それなのに、手はあまり大事にされないパーツでもあります。見逃しがちなのが紫外線ケア。紫外線の影響で**くすみやシミが出現すると、老人性色素斑に見え、老け見えを加速**します。外出するとき、洗濯物を干すときなどは、UVケアを一年中怠らないようにしたいものです。

おすすめは、**UVケア効果と保湿効果の高いハンドクリームを使う**こと。トーンアップ効果やツヤを出す効果があるとなおよし。**くすみが気になるなら、手の甲の角質ケアを**。瞬時に透明感が出ます。

ソフト フェイシャル ゴマージュ 80g 5,940円／MEM こんにゃくスクラブとクレイが角質をやさしくオフするゴマージュ。私は手にも使っています。明るくなめらかな手元に。

UV トーンアップクリーム シャイニー SPF30 PA+++ 40g 3,300円／uka Tokyo head office 外出時はこのUVカット効果のあるボディクリームを。パールがきらめき美肌効果も。

54

爪のお手入れで手全体が若返る

長い間、ジェルネイルを楽しんでいました。若い人がやっているような、長い爪に派手な色をのせるのではなく、短い爪に桜貝色の淡いピンクをのせて、上品に仕上げていました。コロナ禍でネイルサロンに通えなくなったのを機に、ジェルネイルは卒業、以来カラーもせず、自爪で過ごしています。

爪も手と同じ、お手入れしていないとすぐに荒れて生活感があらわになるので、ケアは欠かせません。ネイルサロンでプロの手にまかせるときもありますが、ネイリストから自宅でのケア方法を教えてもらい、普段は自分でケアをしています。

少しでも伸びたら短く切りそろえ、**角質リムーバーとプッシャーというツールで爪の角質を除去し、爪に栄養を与える美容液を**つけます。これだけでも爪は美しくなりますが、美容効果の高い**コート剤をつけると、爪に自然なツヤが宿り、手全体が若返ります**。

爪は小さなパーツでおざなりにしがちですが、意外に人の視線が集まる場所でもあるので、ケアは念入りに。

クイックケアコート
1,045円／エテュセ
爪を保護し、割れや乾燥を防ぐ爪用の美容液。ほんのりピンクで自然なツヤが出て、可愛い爪に。

カラーベースコート
ゼロブンノイチ
2,200円／uka Tokyo head office
美容成分入り乳白ピンクのベースコート。きれいな自爪色に。

noiro ニジュウイチ
ネイルケアドロップス
2,530円／タカラベルモント　補修成分などが爪にケラチンなどの浸透する美容液。爪が健康に。

KOBAKO キューティクルリムーバー
2,530円／貝印　これを塗って同シリーズのプッシャーでこすると、不要な角質がとれ、美しい爪に。

55

「炭酸風呂」で健康と美肌を作る

本当のことを言うと入浴が苦手です。何もせずにお湯につかっていられないからです。入浴は最高の健康法であり美容法であると十二分に理解しているのですが、5分以上は無理。そこで**タブレット端末をジッパーつきビニール袋に入れ、ドラマやYouTubeを観て、入浴時間を稼ぐ**ことに。エンタメ見たさにウキウキとバスルームに足が向き、大正解でした。

入浴時間は全身の血液が一巡するといわれる20分が目安。のぼせないよう半身浴に。**短時間でも温まれるよう炭酸入浴剤は欠かしません。**

メーカーで炭酸を研究している方に取材をした時、炭酸が体内にどう作用するのか学ぶことができました。血行がよくなり、温まると同時に肌の保湿力がアップします。またケガの回復も早くなります。これらのことを知ってから、入浴剤は炭酸系一択になりました。

今でも入浴は嫌いですが、タブレット端末と炭酸入浴剤のおかげで、充実した入浴タイムを過ごしています。

薬用BARTH中性重炭酸入浴剤　30錠（10回分）2,750円／BARTH［医薬部外品］　寒い時でもとにかく体が芯から温まる入浴剤。重炭酸イオンを豊富に含み、血行を促進。短時間でもぽかぽかに。

バブ　ナイトアロマ 12錠入［医薬部外品］オープン価格／花王　体の芯から温めつつ、アロマの香りを楽しめる炭酸入浴剤。乾燥が気になる秋冬は、ぜいたくな気分に浸ってゆったりバスタイム。ローズなど4種入り。

56

「ボディミルク」で大人の肌にツヤを足す

50歳を過ぎたあたりから、顔以上に体の乾燥が気になりだしました。入浴後は夏でも乾燥に耐えられない状態に。若い頃はベタつくのがイヤなのと、何もしなくても腕や脚はしっとりしていたため、ボディケアはしませんでした。そのツケで老化が進み、全身が乾くようになったのでしょう。

入浴後のスキンケアでは、顔から首に3回化粧水をつけますが、合間に体にボディミルクをつけています。P104のハンドケアのところにも書いたように、肌は湿り気がある状態でお手入れをすると、うるおいの含みがよくなります。**入浴後、水分が乾かないうちに、たっぷりとボディミルクを塗り込みます。乾燥してから塗るより格段にうるおいます。**これで体の乾燥感は消滅。ホッと一安心です。

ボディケアはオイル、クリーム、ミルクなどさまざまありますが、私はスルスルと軽くのび広がり、時短も叶うミルクタイプをずっと愛用しています。お気に入りの香りを使うと心も癒やされて一石二鳥です。

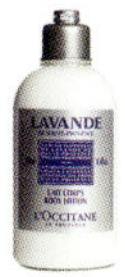

ラベンダー ボディローション 250㎖ 4,510円／ロクシタン ジャポン ずっと愛用しているのがこちら。乳液状で、テクスチャーは軽いのに保湿効果はしっかり。ラベンダーの香りに癒やされます。

57

「完全遮光の日傘」で肌は絶対焼かない

完全遮光の日傘を10年以上使用しています。先日、さした瞬間糸が切れて生地がめくれ上がってしまいました。10年も使用したら糸くらい切れるなあと思って、夜に自力で修理しました。傘職人になった気分でした。

愛用している日傘は、生地が特殊な4層構造になっていて、厚みがあります。傘の中は温度も下がるので暑さをしのげるのもいいところ。愛用のもう1つの理由は、生地のマットな質感。木製の取っ手も高級感があって、貴婦人になった気分に。私は紫外線が強くなる春から秋にかけて毎日使用しています。

10年以上愛用しているサンバリア100の日傘。この形の持ち手の商品は今は廃番に。手入れをしながら使い続けています。

トラベル・ハット ブラック 9,240円／サンバリア100
バーベキューなどに出かけるときは、この太陽光100%カットの帽子が必需品。つばがほどよい広さで、アウトドアで動き回るときも邪魔になりません。

折りたたみ日傘 2段折 コンパクト 無地 ブラック 13,200円／サンバリア100
紫外線、赤外線、可視光線を100%カットする完全遮光日傘。高機能なうえ、マットなブラックがとても上品。

58

自分の「におい」を疑ってみる

加齢臭は男性だけのものではありません。女性にも加齢臭はしっかりあります。男女とも原因は同じ、酸化した皮脂。皮脂は酸化し分解されると不快なにおいを発するといわれています。50代以上になると皮脂の質が変化し、酸化物質ができやすくなりますから、私は乾燥肌で皮脂が少ないから大丈夫、と油断していると危ない。自分のにおいを疑いましょう。**最も気にすべきは頭皮です。女性の加齢臭は頭皮から発せられるものが主**ともいわれます。髪がパサつくようになったからと毎日シャンプーするのをやめてしまった人は、特に要注意。若い時のように友達や恋人と接近する機会もないし、多少においても気づかれないよね、と考えている人も油断は禁物。皮脂臭はちょっと動いた瞬間に立つものです。大人こそ、毎日のシャンプーが必須です。

また、体からも皮脂臭がにおい立つ可能性も無視してはなりません。**自分では気づきにくいものですから、皮脂臭をリセットしてくれるボディソープを**使用し、万全なケアを。

デオコ　薬用ボディクレンズ
[医薬部外品] 350mL　1,100円（編集部調べ）／ロート製薬
体臭、汗臭、加齢臭を抑えるボディソープ。家族で使用する方も多い逸品。頭皮の皮脂臭抑制シャンプーも人気。

59

香水を買い替えて「いい匂いがする人」に

時として、見た目以上に人の印象を決定づけるのが、香り。いい匂いのする人はそれだけで人を惹きつけます。香水を使わない人は、人生を損しているとすら思います。

コロナ禍以降、香水の売り上げが好調です。それまで下降傾向でしたが、香りで癒やされたいと香水を手にとった人が、外出解禁後もさらに楽しんでいるようです。特に若者に愛用者が増え、男女とも香りは自己表現に欠かせないものに。

逆に大人で香水をつける人は少なくなりました。つけすぎるとおばさんくさいというイメージがあるからかもしれません。

私は職業柄、新しく発売される香水はひと通り試していますが、最近の香水が昔と大きく違うのが、香りの立ち方が軽くなっていること。私たちが若い頃に流行した、ビッグメゾンの名品と呼ばれる香水も、リニューアルを繰り返しライトな傾向に。私は軽い香水を2種、場所を変えてつけ、レイヤードも楽しみます。新作も名品も使いやすくなった今、香水を怖がらずに楽しんでいただきたいと思います。

その日の気分でつける場所を変える

首の後ろ

香水は胸元につけると香りに酔ってしまうことも。首の後ろにつけると軽く香りが楽しめます。

足もと

濃厚な香りは足首に。鼻から距離があるので、香りがライトになります。足を動かすたびにいい香りが立ち上るのも心地よいです。

お気に入りの香りは甘めで華やかなもの。日々勇ましく仕事をしているので、せめて香りでたおやかさをまといます。右からエッセンシャル　パルファン「ザ ムスク」、ジョー マローン ロンドン「ユズ　ゼスト コロン」、タンバリンズ「パフューム　ベイザー イン ザ レイク」、クリーン「クリーン リザーブ ウォーム コットン　オードパルファム」、タンバリンズ「パフューム カモ」。

60

大人は短時間睡眠だからこそ すぐに、ぐっすり眠れる 「入眠アイテム」が必要

歳を重ねると寝坊をしなくなります。早朝に目覚めるのは年寄りの証拠といいますが、自分がそうなると結構ショックなものですね。加齢によって生体機能リズムが前倒しになるなどが理由のようです。つまり大人はショートスリーパーばかり。けれど、短時間でもすぐに入眠できて、熟睡できれば美容や健康に問題はないと体験的に感じています。

私はすみやかな入眠のため、必ずやっていることがあります。練り香水をつけることと、サプリを飲むことです。

練り香水はフレグランスコーディネーター・牧野和世さん監修のもので、足の裏につけて〝寝香水〟にしています。ほのかな香りの効果で、気持ちが鎮まり入眠しやすくなりました。サプリは美肌目的で飲み始めたらぐっすり熟睡できるように。思わぬ効果にびっくり。

睡眠環境を整えるために、寝具を見直すことも重要。今は心地よく眠れる寝具がたくさんあります。昔から使っているものより快適なものが見つかるかもしれません。

ホテルスタイル枕（Nホテル3 スタンダード） キナリ 1,990円／ニトリ ボリュームたっぷりで頭の沈み込み方が絶妙な枕、何度もリピートし、ソファ用にも買ったほどのお気に入り。

アップルミントシュガー フレグランスクリーム <上から>プラチナ No.0、8g 4,290円、パール No.1 8g 3,960円／共に福美人 “寝香水”として愛用している練り香水。

プレディア バイタルスピリッツ カプセルG 120粒 7,560円／コーセー（プレディア） 海由来の美容成分を配合した美肌サプリ。肌のために夜飲み始めたら、美肌効果とともに、よく眠れるように。

61

内側から美が発光する「玄米」「みそ汁」「納豆」「ぬか漬け」

20年前、夫の病が発覚した時、少しでも体のためになればと、食事を玄米菜食に切り替えたことがあります。本を読みあさり、講習会に足を運び、食事がもたらす体への作用を学びました。栄養バランスも考えず、食べたいものを好きなだけ食べていたそれまでの生活を反省したものです。

玄米、みそ汁、納豆、ぬか漬けが中心の和食生活は、驚くことばかりでした。私はそれまでひどい便秘に悩まされていて、便秘薬に頼らざるを得ませんでした。さらに大腸内視鏡検査で便秘薬が原因で腸内が荒れていることを指摘され、途方に暮れました。しかし、**玄米食と発酵食品の生活に切り替えたら、便秘とは無縁の日々に。すっきりやせて、自分でもほれぼれするくらい肌がきれいになって、食事は美の源であることを実感**しました。以来、現在に至るまで、玄米を中心にこれらの食事をとるように心がけています。

夫は残念ながら亡くなりましたが、夫に食生活の大切さを教えてもらったと思っています。

玄米100%を圧力鍋で炊いています。一度に4合ほど炊き、冷凍して保存。玄米ご飯に煮詰めたヒジキを混ぜて、おにぎりにするのが大好物。納豆ご飯にする日も。

62

健康があっての美。今の体に必要な栄養素は「サプリ」で補う

夫の病気が見つかった当時の私は40代前半。体力も満ちていたので、健康にはからっきし無頓着でした。それより肌や髪の色ツヤのための美容法、楽ちんなダイエット法の探求などが重要で、健康については二の次、三の次だったように思います。美容雑誌の編集部にいたので、情報の収集は仕事の一環でしたし、初期老化を感じている時期でもあり、美容ばかりに目を向けていました。

夫と同時期に、私の母も病に倒れました。身近な人が立て続けに重い病気になるというショッキングな出来事を境に、考えはガラリと変わりました。**生きる上で健康こそが最重要事項であり、健康があっての美**であること、そしてクオリティ オブ ライフを保つため、「自分の体に今必要なもの」を考えるようになりました。

仕事柄、バランスのいい、規則正しい食生活を送るのは難しい。**健康診断の数値などを顧みて、足りていないもの、もっと足していいものはサプリを投入する**ようになりました。

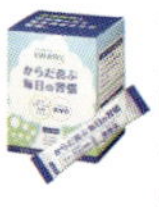

からだ喜ぶ毎日の習慣　30包 3,240円／クオール　高発酵性食物繊維と酪酸菌を配合し、体内環境を整える。酪酸菌は燃焼もサポートするため、薬局で即購入。

TAIWAN TEA PROTEIN 鉄観音茶　14包 4,860円／DAYLILY　食事のタンパク質不足を自覚しているので、起床したらこの鉄観音茶、和漢素材をブレンドしたプロテインを。

アルティミューン　プロバイオティクス　パウダー 2.2g ×30袋 6,480円／SHISEIDO　腸内環境改善に寄与するビフィズス菌に着目した乳酸菌サプリ。就寝前に飲むと翌朝すっきり。

第一に便通をよくするための乳酸菌サプリ。以前、血糖値が上がりやすいという診断が出たので、朝食前にタンパク質補給のためのプロテインに食物繊維を混ぜたものをとり、血糖値の上昇を穏やかにしています。同じ理由で、血糖値を下げるダイエットサプリなども常にポーチの中に入れています。

サプリは効いたという実感をすぐ得ることは難しいですが、私が選んで飲んでいるものは体には合っているようで、逆に飲まないと明らかに不調を感じます。「100歳まで元気でいる」を目標に、サプリはお守りとして続けていこうと思っています。

ビタミンCサプリの「Lypo-C」と福光屋の「発酵エナジードリンク・バテン」も愛飲。2つを混ぜて飲むと、活力が出ます。YouTube収録時やイベント登壇など、体力が必要なときに欠かせません。

朝起きたら、まずプロテインをシェイク。大人はタンパク質がどうしても不足しますから、意識してとります。ほかのサプリもミックスすると効率がよく、飲み忘れも防げます（あくまで自己流の飲み方です）。

メタバリア　30日分（180粒）5,184円／富士フイルム　発売当初から愛飲しているダイエットサプリ。サラシノールという血糖値の急上昇を抑える成分が入っていて定期的に購入。

君島家の生搾り朝汁　3.0g ×30袋　8,640円／FTC　君島十和子さんプロデュースの青汁。クセがなくて飲みやすい。こちらも朝のプロテインに混ぜていただきます。

63

災害にも老いにも負けない筋肉を。「力もちエクササイズ」を週1で

週に1回、パーソナルトレーナーをつけてのトレーニングを始め、20年ほどになります。最初はやせる目的で始めたのですが、意識が大きく変わったのは東日本大震災の時でした。当時8kgと5kgの重量級の猫を飼っていて、災害に遭ったとき、この子たちを抱えて逃げることができるのか？と自問し、「無理だ」と思った時から、**トレーニングは〝やせる〟から〝力もちになる〟目的にシフト**しました。

現在、猫はいないのですが、災害時は何かを持つ、急いで走る、果てしなく歩く、高い所へ登るなど、課せられる動きがたくさん出てくると思います。そのときひるまないよう、人様に迷惑をかけないよう、少しでも誰かの役に立てるよう、筋肉を鍛えて強固にしています。**もっと年齢を重ねたときも、この筋肉はきっと役に立つはず**です。

20代、30代より今のほうが、体力も力もつきました。毎日、パソコンとタブレット、カメラを入れた重いバッグを持ち歩けるのも、トレーニングのおかげだと思っています。

スクワット

裸足で行う自重トレーニング。足下はフカフカのクッションなどを敷いて、わざと不安定にしてスクワットを行うと、より下半身が鍛えられます。10回を2セット。

ランジ

脚を前後に開き、腰を落として戻すを繰り返すランジ。男性も音を上げるトレーニング。太ももの前と後ろが鍛えられ強健な下半身になります。

64

半年に1回の血液検査で体の変化を把握する

穏やかで人当たりのいい人と呼ばれていたのに、いきなり感情の起伏が激しくなって、まわりから「更年期らしいよ」と陰口を叩かれる。昔からそんな女性を何人も見てきました。更年期がどんなものなのか理解していなかった20代、30代の頃は、自分はそうならないように気をつけよう、くらいに簡単に考えていました。

しかし45歳を過ぎ、自分自身に更年期の症状が現れ始めた時、これは自力でコントロールできるような生やさしいものではないと痛感しました。私の場合、感情面の症状は起こらなかったのですが、ホットフラッシュと手のしびれ、激しい動悸など、さまざまな身体的症状に見舞われました。

仕事にも支障が出てきたので、対策をとらなければと、更年期症状を改善するといわれるサプリを飲み始めました。やがて効きにくくなり、漢方薬に切り替え、それも次第に効かなくなると、婦人科でホルモン剤を処方してもらうようになりました。10年以上服用を続けましたが、医療関係者から、

松倉クリニック 表参道

東京都渋谷区神宮前4丁目11−6
プレファス表参道 9階 https://www.matsukura-clinic.com/
私が受けているのがこちらの「総合ナチュラルホルモン補充療法」。分泌量が低下しているホルモンを少量ずつ補充しバランスをとる、という方法が私の体には合っているようです。

長く続けすぎると弊害があるとアドバイスを受け、すすめられた「ナチュラルホルモン補充療法」に切り替えました。60歳を過ぎた頃のことです。この療法を67歳になった今も続けています。

「ナチュラルホルモン補充療法」とは、定期的な血液検査をもとに、その人に合うホルモン剤を、その人に合う量で処方し、更年期症状を安定させる方法です。私の年齢ではホルモン補充はもう必要ないはずなのですが、血液検査の結果を見ると、健康のためにもまだ続けていたほうがよさそうです。体の調子はすこぶるよいので、費用は安くはありませんが、これを続けるために頑張って働こうと思っています。

更年期のつらい症状があるのに、我慢して嵐が過ぎるのを待っているという方も多くいるようです。しかし、更年期のホルモンの変化は、体が作り替えられるような大変化。小さな症状でも我慢する必要はありません。逆に我慢してはいけないもの。自分を救う方法を探してみてください。

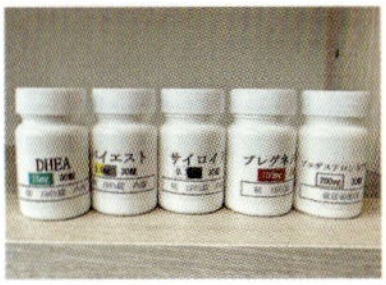

松倉クリニックで処方していただいているホルモン剤。各種ホルモンを補充するもののほか、コレステロール値の改善用など、血液検査の結果にそって、毎回処方内容が変わることも。

COLUMN

私の普段ポーチとメイクBOXの中身

普段のポーチ

ポーチの中身は予定によって替えます。夜の会食があるときはお粉やチークを入れて顔色を復活させますが、普段はリップ系が中心。唇を保湿するリップクリームやリップグロス、保湿効果の高い口紅がメイン。タカミのリップ用美容液はなくしたとき用に2本常備。小さめサイズで香りのいいハンドクリームや目薬、充電器もIN。

撮影用 メイクBOX

週1でYouTubeチャンネル『天野佳代子の大人美容』の収録を行っています。メイクもヘアも自分で行っているため、プロのメイクアップアーティスト並みにコスメや道具を入れています。特にYouTubeではお気に入りのコスメや新色を紹介することが多いので、しょっちゅうBOXの中身を入れ替えています。その日の肌状態に合わせてコントロールカラー、ファンデーションも替えているので、常に数種類をセットイン。使用頻度が高いのは、Chapter1でもご紹介したアディクションの下地など。

撮影用 ヘアBAG

YouTubeのスタジオの乾燥が激しく、アホ毛を落ち着かせる用にジョンマスターオーガニックの「スリーキングスティック」、フジコのコーム「色っぽスティック」は必須。白髪カバーはファンデタイプのスロウ「ヘアカラーコンシーラー」とマスカラタイプの綺和美「白髪隠し カラーリングブラシ」で。グレイジョイの「レタッチgjロングブラシ」を使うとムラなく塗れます。右下のプラスチックのスプーンはクリームのスパチュラ代わり。

撮影用 スキンケアBAG

撮影にはツヤ出しアイテムが中心。コスメデコルテ「AQ アブソリュート」、KANEBOのクリームが定番。シャネルの「ボーム　エサンシエル」は、追ツヤ用に。愛用のSHISEIDOのファンデも。

撮影用 ネイルBAG

YouTubeでは手元がアップになることが多いので、きれいに映るように爪磨きをした後に、ネイルコートを塗ります。ネイルオイルで乾燥ケアも。ネイルアイテムはukaのアイテムが多め。

撮影用 コットン&綿棒

収録は1日に3〜4本。テーマによってはメイクを何度も変える日もあり、クレンジングのたびに大量のコットンと綿棒が必要。いつも足りなくなります。

Chapter 05

可愛い大人になるための「心の持ちかた」

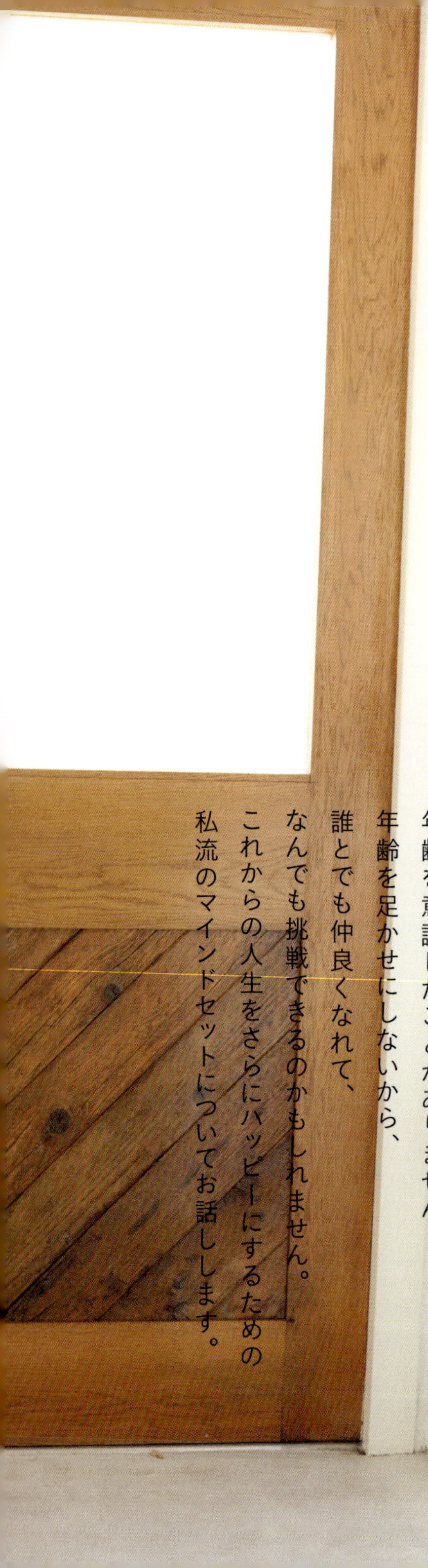

昔も今も、仕事でもプライベートでも、
年齢を意識したことがありません。
年齢を足かせにしないから、
誰とでも仲良くなれて、
なんでも挑戦できるのかもしれません。
これからの人生をさらにハッピーにするための
私流のマインドセットについてお話しします。

65

66歳でYouTubeデビュー。大人だからこそ、挑戦できた

40年以上、雑誌のライター、エディターを続けてきました。美容だけでなく、芸能関連の取材も多く、音楽の世界にも長くかかわりました。難儀な案件も相当数ありましたが、もともと持っている体当たり精神で乗り切れたのだと思います。

依頼された仕事はできる限り受けてきました。どんな仕事も「無理です」と言った記憶はありません。しかし、66歳の時、YouTubeでの美容チャンネル開設の依頼があった時は、さすがに「無理」と心の中で繰り返しました。今まで編集者としてイベント登壇、テレビ出演などは経験してきましたが、自分の動画チャンネルを持つなど考えもしなかったからです。

悩んだ末、今の私に可能性を見出してもらっているなら受けるべき、という考えに至りました。失敗してももともとなかったこと。大人だからこそ、恐れることは何もないと、体当たり精神が久しぶりに顔を出しました。

チャンネルを開設して2年。正直言って非常に手間のかかる仕事です。でも、制作チームと議論を交わしながらチャン

ネルを作り上げていく作業は、雑誌を作る工程と似ていて楽しい。スタッフの大半は20代。YouTubeにおけるヒットの法則が染みついている人たちなので、学ぶことは無限です。フロントマンとしての重圧を抱えながらも、若い制作チームと共にチャンネルを成長させていきたいと思っています。

YouTubeチャンネル『天野佳代子の大人美容　【歳をとるのは怖くない】』。毎週水曜、土曜　午後8時配信予定。
毎週1回、3〜4本の動画を収録。月1でライブ配信を行い、視聴者の美容の悩みにお答えしています。

66

自分の可愛さは自分で見つける。嫌いな要素は克服する

18歳。山口百恵さんが大好きで、メイクやヘアスタイルを真似してました。

中学生の頃から女性アイドルが大好きでした。憧れのアイドルに羨望のまなざしを向ける一方で、どうして私はあの人たちとは違うのだろうと、無謀にもいつも考えていました。アイドルの容姿に近づきたいという思いは日ごとに熱くなり、高校生になるとメイクや髪型を真似することを覚えました。テレビでアップになるたびメイクの色を確認して（当時はビデオもありませんでした）、近所の化粧品店で似た色を見つけるのです。ただのミーハーにすぎないのですが、誰かになりたい一心で、自分の顔とずっと正面から向き合っていたことは美容において正解でした。自分の顔を客観的に分析できるようになり、メイクで長所を増幅し、嫌いなところも克服できることもわかったからです。

可愛くなるために大事なのは自分の魅力を知ることです。魅力がわかれば克服すべきところもわかる。まずは自分の顔と向き合って、「ここは好き」と思うところを見つけてあげてください。今からでも遅くありません。

67

美容に迷ったら あの頃の「可愛い自分」に 戻ればいい

大人のメイクは老化カバーが目的になりがちです。くすみやシミが消えるよう、小さくなった目が大きくなるよう、ファンデーションを塗り込んだり、アイライナーを太く入れたり……。どうしても「隠してごまかす」意識が強くなります。

でも、若く見えるメイクの極意は、隠してごまかすことではありません。生気あふれる元気な顔を作ることが、大人の顔を若返らせる秘訣なのです。わかりやすいのは、20代の頃の、はつらつとした自分の顔をお手本にすること。輝かしい未来を信じていた、あの高揚感をメイクで再現するのです。**メイクをするときは、20代の「可愛い顔」をイメージしてください**。あの頃の顔は、丸い頬、丸い目、丸い唇で構成されていました。**丸を意識したメイクをすると、しぼんだ肌、目、唇がふっくらして、生気あふれる顔がよみがえります**。

厚塗りファンデも太アイライナーもいりません。ぜひ20代の時の写真を引っぱり出して、あの頃の自分の「可愛い顔」を目指してください。

68

「若い人の前で昔話をしない」が可愛い大人の条件

昔の友人たちに会うと、昔話に花が咲きます。不思議なもので、会うたびに同じ話をしては笑い合います。昔話以外は健康や介護など、不幸な話が話題の中心になります。昔話か不幸話か。それでいいと思います。それらは旧友相手にしか話せませんから。

その代わり、今仕事を共にしている年下の仲間たちには、昔話をしないように心がけています。昔と今では仕事の仕方も仕事に向ける意識も大きく変化していますから。コンプライアンス（法令遵守）の認識が今の働き方の基本。そうではなかった時代に生きた私からすると、若者の仕事の取り組み方が甘く思えることも。「昔はそんなこと言っていられなかった」とアドバイスをしたくなりますが、グッとこらえます。昔の感覚は今の時代には不要なもの。ウザがられるだけです。

「昔はこうだった、ああだった」と、大人は昔話をしたがります。しかし可愛く、好かれる大人になりたければ、今の感覚を受け入れ、昔話は旧友たちとのお楽しみにしましょう。

69

大人の色気のお手本は少女漫画の「美人の先輩」

もし色っぽさや若さを主張したいがためなら、即刻やめるべきは、肌の露出。胸元や肩、脚など、色気を出そうと露出しても、大人がかもし出せるのは老化感だけ。体の肌も老化します。顔はメイクで美肌に仕上げることもできますが、体のたるみやしぼみはボディクリームでツヤを出す程度しか対策がありません。**露出度が高いほど、肌の老化感はあらわになります**。

大人の色気は、肌の露出では出せません。経験を積んだ大人だからこその、凛としたまなざし、知的な会話。そこに、大人の余裕から生まれる無邪気な笑顔とフランクな受け答えなどが入り混じる。大人の色気とは、そのギャップににじむものだと思います。

目指すイメージは、昔読んだ少女漫画の主人公が憧れる、美人の先輩。知的で上品、時に愛らしく、さわやかな色気を漂わせる大人の女性です。印象作りにおいて、実は漫画のキャラクターはいいお手本になります。老若男女に人気だったあの先輩像こそ、今の私たちの色気のお手本です。

ジュエリーはシンプルな形のものばかり。イエベなのでゴールド中心。時計が大好きで、若い頃、海外に行くたびに購入したものを今でも大事に愛用しています。

70 大人にはシャツブラウスとシンプルなジュエリーがあればいい

大人になるとフリルのついたブラウスや、花柄がプリントされたブラウスの着用率が上がるのはなぜなんだろうと、若い時から疑問に思っていました。でも、自分が歳をとって納得しました。ヒラヒラのフリルやあでやかな花柄は、地味な老化顔に華やぎを補ってくれるからなのだと。私はシンプルな服を好んで着ていますが、実際、色合わせやコーディネートによっては、おしゃれに無頓着な人に見えることも。

しかし、私はフリルや花柄は絶対に着ません。昔から甘い服が苦手なのもありますが、老化を服の華やかさで補おうとすると、ギャップで逆に老化が強調されると思うからです。**大人に似合うのは、シンプルなシャツブラウスやTシャツ。甘さではなく、清潔感や凛とした大人の雰囲気を出すのが正解なのです。地味に見える分は、ジュエリーを合わせればいい。**シンプルなシャツとジュエリーで、生涯通せるような人であることを目標にしています。そのためにも老け込まないよう、美容を頑張っていかなければなりませんね。

着用しているのは韓国で購入したジェントルモンスターのPino 01(BR)。濃度の異なるレンズを2つ持っています。セリーヌも好きです。ZoffのフレームにJINSのレンズが入ったものも。

71

目の老化予防のためサングラスは必ず。「今どきブランド」を愛用中

サングラスは好きでよくしています。おしゃれ映えするのと、紫外線から目を守るためでもあります。私の目は乾燥に弱く、涙目になりがちです。目がキラキラしているとよく言われるのですが、実はドライアイの症状。紫外線で悪化するので、サングラスは必須です。

春夏はサングラス着用をおすすめします。紫外線は角膜などを老化させるからです。目から入った紫外線は肌にも影響を与えるといわれます。美肌のためにも習慣に。サングラスが苦手なら、UVカットレンズのだて眼鏡でもいいでしょう。YouTubeの収録や雑誌の撮影など、現場でメイクをするときは、すっぴんでスタジオ入りします。誰に見られても構わないのですが、一応素顔隠しとしても着用しています。

サングラスはいくつか持っていますが、使用頻度が高いのはジェントルモンスターやセリーヌ。**サングラスにも流行の形があるので、なるべく「今どき」なブランドの新しいものをチェック**して、アップデートするようにしています。

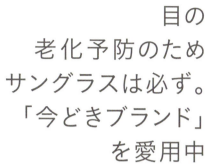

72

女友達こそ人生のベストパートナー

以前、インスタグラムのコメント欄に、誹謗中傷コメントが届きました。私は自分への批判は一切見ないようにしていて、エゴサーチもしないので、そのコメントを見た時は大きな衝撃を覚えました。

「あなたは昔から人を蹴落として、ずる賢く立ち回ってきたよね」という激しい内容。おそらく知人のコメントです。誰にも愛をもって接してきたつもりでいたので、そんなふうに思っている人がいたことに茫然としました。

このことを友人たちに相談したら、「端から見たらうまくやっているように見える人には誹謗中傷はつきものだから、気にしないように」とアドバイスされました。

確かに端から眺めたら、誰もが「うまくやっている」ように見えます。けれど、ずっと順風満帆にきた人など一人もいないことを、大人の私たちは知っています。みんな、さまざまな事情を抱えています。人の山あり谷ありの人生の話を聞くたび、私自身の、亡夫の闘病に始まる苦しい時期を思い出すたびに、人をむやみにうらやましがるとか、まして妬みやそねみなどの感情を抱くなど、意味のないことだと痛感します。

私は人の長所を分析するのが趣味です。職業柄でしょうか。この人のここがいいな、ここが好きだな、ここが可愛いな。会った方全員について、好きなところを挙げられます。雑誌では読者の方を撮影することもありました。モデル経験などのない一般の方。けれど、どなたでも可愛い角度や表情が必ずあるのです。それを見つけるのも楽しみでした。

相手の事情を察し、魅力を探す。そんな豊かな気持ちで人に接していきたいと、67歳の今、改めて思います。

私が唯一自慢できることは、友人に恵まれていることです。いいことは一緒に喜んでくれて、つらいことは親身になってくれる女友達。親を亡くして久しいですが、彼女たちに会うと実家へ帰ったような心持ちになります。友達こそ私の人生の最高のパートナー。そんな**懐の深い人間関係を持つことが、本当の「幸せ」なのではないかと思っています**。

73

最強の美容術は「いつも笑顔でいること」

無表情でいると「なんか怒ってます？」と尋ねられることが増えた時、自分の顔もすっかり老化したのだなと実感しました。若い頃は「寒い？」「おなかすいた？」と体の心配をされたものでしたが、無表情が怒りの表れと認識されるようになったら、加齢が進んだ証拠。眉間に刻まれたシワ、への字の口など、顔の老化は怒りの表情と同一だからです。

笑顔を味方につけましょう。笑って頬の高さが上がることで光が当たりツヤがきらめきます。目が輝いて少女のような無垢さが宿ります。

この本では老化を解消するさまざまなスキンケアやメイク法をお伝えしましたが、なにより老化印象を払拭する、最強の美容法は、笑顔なのです。笑顔は人間に与えられた幸せの印。自分を開き、相手を受け入れるサインでもあり、相手も笑顔にします。大人の抱えるこんな事情、あんな事情も全部笑いとばし、いつも笑顔を忘れない、「可愛い人」を目指せば、誰もがずっと美しくいられると思います。

あとがき

若い頃は、美容が今より身近なものだったはずです。

どんなスキンケアを使っても応えてくれる浸透力の高い肌と、どんな色を使っても映えてくれる形のいい目、鼻、唇があったから、美容はやればやるほど楽しいもので、美への追究にも余念がなかったことでしょう。

年齢とともに変化する自分と向き合ううちに、美容はきれいを向上させるものから、老化を隠すものへと変わっていきます。新しいコスメにも興味が失せ、ずっと同じスキンケア、ファンデーション、口紅で、昨日と同じ顔になればそれでよし……。そんなふうに、自分を上げる手段だった美容が、ただのルーティンにすぎないものになっている方も多いと思います。

でも、昨日と同じ美容の繰り返しでは、あっという間に年齢に追い越され、肌も髪も老化が際立っていくばかり。年齢を重ねれば重ねるほど、新しく取り入れるべき美容があるのです。

それが、「可愛い人」になるための美容法です。肌、目、唇がしぼんでしまった大人が実践すべきは、20代の自分の顔を目指すこと。ツヤ、丸み、清潔感という、あの頃満ちていた「可愛いさ」の要素を取り込むことで、失ってしまった若々しさがよみがえってきます。

本書では、67歳になる私が実践してきた美容法をご紹介しました。各ページのメソッドを参考に、かつてあふれていた〝可愛い成分〟を、ご自身の中に充《じゅう》塡《てん》していただければと思います。あきらめかけていた美が、確実に目覚めるはずです。

たかが美容、されど美容。本書の美容法をひとつでも実践してくださったみなさんの人生が、今より楽しく彩りのあるものになることを願ってやみません。

天野佳代子

ITEM LIST

P17

ブラウス／レキップ　ピアス／ダニエラ・デ・マルキ（アッシュ・ペー・フランス）リング／ウノアエレ（ウノアエレ ジャパン）

P7

ブラウス、スカート／レキップ　ピアス／ウノアエレシルバーコレクション（ウノアエレ ジャパン）靴／銀座かねまつ（銀座かねまつ6丁目本店）

カバー

ブラウス、パンツ／ファビアナフィリッピ（アオイ）　ピアス／ウノアエレ、右手リング／ワンエーアールバイウノアエレ（共にウノアエレ ジャパン）　ブレスレット／リキッド　左手リング／マサナ

P78

ブラウス／ミカコ ナカムラ（ミカコ ナカムラ 南青山サロン）　ピアス／ダニエラ・デ・マルキ、バッグ／　タミーアンドベンジャミン（共にアッシュ・ペー・フランス）

P56

ブラウス／ヘルシーデニム（ゲストリスト）パンツ／レキップ　ピアス／ワンエーアールバイウノアエレ（ウノアエレ ジャパン）

P39

カーディガン、パンツ／エント（クロシェ）　インナー／ステートオブマインド（ゲストリスト）

P21

トップス／パクイート（チェルキ）

P125

ワンピース、ベルト／レキップ　ピアス、ネックレス／ウノアエレ（ウノアエレ ジャパン）バッグ／銀座かねまつ（銀座かねまつ6丁目本店）靴／マレーラ（三喜商事）

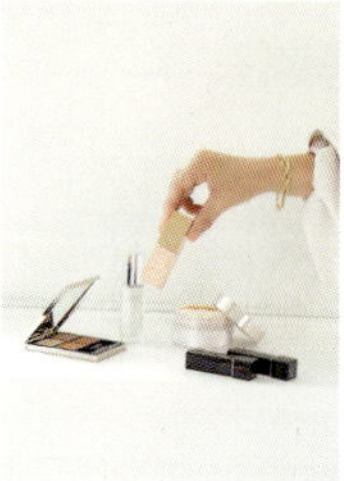

P105

ブラウス／サンドロ　フェローネ（チェルキ）　ブレスレット／ウノアエレ（ウノアエレ ジャパン）

P100

トップス、ボトム／私物

P96

ニット／オブハンドメイド（クロシェ）　パンツ／レキップ　ゴールドネックレス／フリンク　パールネックレス／ダニエラ・デ・マルキ（アッシュ・ペー・フランス）　リング／ノムグ　インナー、ピアス／私物

SHOP LIST

{ BEAUTY }

MTG
0120-467-222

エリクシールお客さま窓口
0120-770-933

オルビス
0120-010-010

貝印 お客様相談室
0120-016-410

花王（アルブラン）
0120-165-691

花王（バブ）
0120-165-696

カネボウインターナショナルDiv.
0120-518-520

カネボウ化粧品
0120-518-520

クオール
03-5405-9011

クレ・ド・ポー　ボーテ
0120-86-1982

コーセー
0120-526-311

コーセー（プレディア）
0120-763-327

コスメデコルテ
0120-763-325

五島の椿
0120-552-510

サンギお問い合わせ
0120-82-4101

サントレッグ
https://suntreg.co.jp/company/

サンバリア100
uv100.jp

RMK Division
0120-988-271

アヴィナス・ミネコラストア
0120-066-369

アヴェダ お客様相談室
0570-003-770

アディクション ビューティ
0120-586-683

アデランス通販
0120-05-1960

アリミノ
0120-945-334

アルビオン
0120-114-225

あるほっぷ
043-307-3737

アンファー
0120-722-002

イヴ・サンローラン・ボーテ
0120-526-333

イミュ
0120 371 367

ウエルテック
0120-17-8049

uka Tokyo head office
03-5843-0429

エテュセ
0120-074-316

FTC
0120-35-1085

エムスタイルジャパン
0120-128-213

ハホニコ　ハッピーライフ事業部
0120-8025-11
パルファン・クリスチャン・ディオール
03-3239-0618
ファンケル 美容相談室
0120-35-2222
福美人
03-6323-4295
富士フイルム
0120-241-946
もしもしBeauty by PRIOR(プリオール)
0120-88-0922
ブリリアージュ
0120-202-885
コーセープロビジョン お問合せ窓口
0120-018-755
ポーラお客さま相談室
0120-117111
ミルボン
0120-658-894
MEM　お客様相談室
0120-862-015
ヤーマン
0120-776-282
ランコム お客様相談室
0120-483-666
ロージーローザ
0120-253-001
ロート製薬コミュニケーションコール(デオコ)
0120-503-610
ロクシタンジャポン カスタマーサービス
0570-66-6940

シスレージャパン
www.sisley-paris.com
資生堂お客さま窓口
0120-81-4710
SHISEIDOお客さま窓口
0120-587-289
資生堂プロフェッショナル
0120-81-4710
ジルスチュアート　ビューティ
0120-878-652
スタージュ
03-4218-3389
THREE
0120-898-003
タカミお客さま相談室
0120-291-714
タカラベルモント
0120-00-2831
ディー・アップ
03-3479-8031
DAYLILY
https://daylily.com.tw/pages/contact
常盤薬品工業 お客さま相談室(サナ)
0120-081-937
NARS JAPAN
0120-356-686
ニトリお客様相談室
0120-014-210
BARTH公式サイト
https://barth.jp
パナソニック 理美容・健康商品 ご相談窓口
0120-878-697

{ FASHION }

アオイ(ファビアナフィリッピ)
03-3239-0341

アッシュ・ペー・フランス
(タミーアンドベンジャミン、
ダニエラ・デ・マルキ)
hpfrance@hpgrp.com

ウノアエレ ジャパン
0120-009-488

銀座かねまつ6丁目本店
03-3573-0077

クロシェ(エント、オブハンドメイド)
03-5467-7800

ゲストリスト
03-6869-6670

三喜商事(マレーラ)
03-3470-8233

チェルキ
(パクイート、サンドロ フェローネ)
https://cerchi.thebase.in

ノムグ
https://nomg.jp

フリンク
https://www.flynktokyo.com

マサナ
https://masana-jewelry.shop

ミカコ ナカムラ 南青山サロン
03-6427-2435

リキッド
https://liquid-jewelry.com

レキップ
03-6861-7698

天野佳代子 Kayoko Amano

1957年東京都生まれ。20代からファッション雑誌の美容ライターに。美容専門誌『美的』のエディトリアルディレクター、大人の女性向け美容専門誌『美的GRAND』の創刊編集長を歴任、40年近く美容に携わる。60代に入り、美容ジャーナリストとしての書籍の出版、雑誌、web媒体への寄稿、YouTubeチャンネル『天野佳代子の大人美容【歳をとるのは怖くない】』の配信など、さらに活動の幅を広げる。著書に『何歳からでも美肌になれる！』（小学館）。

Staff		
	デザイン	柴田ユウスケ・片平有美（soda design）
	撮影	天日恵美子、佐山裕子（主婦の友社）
	ヘアメイク	広瀬あつこ
	スタイリング	カドワキジュン子
	DTP	天満咲江（主婦の友社）
	編集担当	野﨑さゆり（主婦の友社）

10年前《ねんまえ》より可愛《かわい》くなる 大人美容《おとなびよう》の正解《せいかい》

2024年10月31日　第1刷発行
2025年 5 月31日　第7刷発行

著者　天野佳代子《あまのかよこ》
発行者　大宮敏靖
発行所　株式会社主婦の友社
〒141-0021 東京都品川区上大崎3-1-1
目黒セントラルスクエア
電話 03-5280-7537（内容・不良品等のお問い合わせ）
049-259-1236（販売）
印刷所　株式会社DNP出版プロダクツ

 ISBN 978-4-07-460374-9

■本のご注文は、お近くの書店または主婦の友社コールセンター（電話0120-916-892）まで。
＊お問い合わせ受付時間　月～金（祝日を除く）　10:00～16:00
＊個人のお客さまからのよくある質問のご案内https://shufunotomo.co.jp/faq/

※本書掲載の情報は2024年8月現在のものです。掲載商品の仕様や価格などが変更になる場合、販売終了になる場合があります。
※価格は税込みです。
※私物については各ブランドへのお問い合わせはご遠慮ください。